JN412122

김영우
수상록
隨想錄

경계 너머,
사람을 만나다

김영우
수상록
隨想錄

경계 너머, 사람을 만나다

분단 이웃과 함께한 —— 30여 년의 성찰

지와수

프롤로그

'먼저 온 통일'의 세월, 다시 묻는 통일의 의미

금호지구에서 시작된 인연, 그리고 새로운 삶의 문턱에서

북한 산하와 그곳 사람들과 맺은 인연이 이제 25년을 훌쩍 넘어 30년을 바라보고 있다. 한국외환은행에 재직하던 시절인 1997년 가을, 함경남도 신포 인근 한반도경수로원자력발전소 건설 현장인 금호지구에 KEDO(Korean peninsular Energy Development Organization)를 대표해 외환은행 지점을 설치하고 초대 지점장으로 부임하면서 만남이 시작되었다.

북한에서의 생활은 말 그대로 충격이었다. 북경공항에서 평양행 고려항공 비행기에 체크인하는 순간부터, 1년 8개월 후 마지막 귀국 비행기를 타는 순간까지 그 사회를 지켜보고 경험하는 일은 절절한 아픔이고 탄식이었다.

귀국 후 4년을 더 근무하던 중, 은행이 미국 투기자본 론스타에 인수되고 당시 부행장이던 나는 은행장을 비롯하여 5명의 임원과 함께 즉시 해고되었다. 하루아침에 실업자 신세가 된 나에게 새로운 세계가 기다리고 있었다.

1995년 전후에 시작된 북한의 '고난의 행군' 시절, 두만강 국경을 건너 수많은 북한 동포들이 중국으로 이동했다. 그들이 급기야 대한민국으로 대거 입국하기 시작하면서, 그들이 남한 사회에 안정적으로 정착할 수 있도록 지원하는 일이 우리 사회의 중요한 과제로 떠오르고 있었다. 퇴직 후 사회복지대학원에서 공부하며 동시에 탈북 청소년들을 위한 대안학교와 관련 기관에서 봉사활동을 시작했는데, 그 시점이 2004년이다.

조난자의 삶, 남한 사회에서 마주한 벽

남한에서 탈북민들과 같이 산다는 것은 어쩌면 서로가 벽을 치고 사는 것과 유사하다. 이곳에서 만난 많은 탈북 청소년들을 보면서 항상 마음이 짠하다. 마음속으로 늘 묻는다.

"너 지금 행복하니? 25년이라는 세월, 내 모든 열정과 시간과 재산을 쏟아 온 나도 너희들 사랑하기 어려운데 대부분의 남한 사람들로부터는 더욱 기대하기 힘들지 않겠니?"

임진강을 사이로 본 북녘 땅(저자), 오늘도 변함없이 해가 진다.

북한 동포의 삶을 들여다보지 않은 사람은 북한을 안다고 하기 어렵다. 이곳에 와 있는 탈북민의 진정한 내면세계를 알지 못하면 그들을 제대로 이해할 수 없다.

왜일까. 그들은 우리와 매우 다르게 살았기 때문이다. 그런데 이곳에서는 같이 어울려 살아야 한다. 이 사회의 실정도 잘 모르고, 가진 것도 부족하다. 바깥에 나가면 천지사방 인맥은커녕 아는 사람도 한 명 없다. 그럼에도 같은 식당에서 밥을 먹고, 같은 대중교통을 이용하며, 같은 동네에 정착해 살아가야 한다. 그리고 같은 직장에서 같은 수준의 업무를 해내야 하니 힘들 수밖에 없다.

고향에서는 배고프고 불안하고 몸이 아파 살 수 없는데, 이곳에서는 '내가 누구인가'라는 정체성마저 혼란스럽다. 나를 주장할 무엇이 별로 없다. 결국 고향에서도 어렵고 이곳에서도 어렵다.

탈북민의 정체성을 설명하는 여러 표현 중 하나가 '조난자'이다. 탈북민인 주승현 작가가 저술한 『조난자들』[1]에서 사용된 용어로, 나로서는 어느 표현보다도 저절로 고개가 끄덕여지는 용어다. 그들의 배는 북한 영해 안도, 남한 영해 안도 아닌 먼바다 공해상에 떠 있는 형국이다.

조난자인 그들에게 남한의 동포들은 '먼저 온 통일', '통일선봉대'라는 환영사를 거침없이 쏟아낸다. 정치인이나 고위 관료의 축사에서, 남북통일을 논하는 저명한 학자들이나 세미나 발표자의 단골 용어이다. 그러나 과연 그들도 같은 생각일까? 자신의 임무가 막중하다고 위로받고 용기가 생길까.

지난 25년여 기간에 입국한 3만5천 명의 탈북민에게는 각자가 한 권의 책을 쓰고도 남을 드라마 대본이 가슴속에 묻혀 있다. 그러나 그에 못지않게 남한에 입국한 이후의 드라마도 만만치 않다. 오죽하면 이곳에 와서 자살을 할까. 들어서 흐뭇할 이야기가 10%라면 나머지는 오히려 진한 아쉬움과 연민의 스토리가 아닐까 생각한다.

닫히는 문과 남겨진 과제, 통일을 다시 묻다

이제 북한 주민의 국경 이탈은 사실상 그 길이 막히고, 국내외 정세 모든 면을 감안하면 짧은 시간 내에는 예전처럼 한국에 대거 입국하기는 쉽지 않을 것으로 보인다. 사실상 '먼저 온 통일'의 문은 닫힌 것이다. 다만 이 소강상태를 기회 삼아 이미 입국한 탈북민의 남한 사회 정착

1 주승현 저, 『조난자들- 남과 북, 어디에도 속하지 못한 이들에 관하여』, 생각의 힘, 2018

실태를 전문가들의 손으로 정밀하게 분석해, 어느 훗날 남북 간 만남이 재개될 때 새로운 정책 방향을 마련하는 데 도움이 될 연구를 할 필요가 있다.

한국전쟁 발발 1년 전인 1949년에 태어난 필자는 어릴 적에 노래를 익히면서 제일 먼저 배운 게 '우리의 소원은 통일'이다. 그 이후 우리의 국력이 신장되고 국제사회에서 위상이 높아지면서 통일의 염원과 남북 만남의 희망이 일견 낙관적 기회로 다가오기도 하였고, 통일은 좀 더 노력하면 가능할 것으로 여겨지던 시절도 있었다.

그러나 역사는 쉽게 기회를 주지 않았다. 지금은 모든 면에서 민족 통일이나 남한과 북한과의 만남이 상당 기간 물 건너간 느낌이 든다. 가볍게 이야기할 화두가 아니긴 하지만 말이다. 외부적으로는 21세기에도 여전히 신냉전체제가 지속되고 진영 간 대립 구도가 심각하다. 내부적으로는 노령층의 통일 비전 피로감과 신세대 계층의 외면이 커서 남한 사회 자체의 관심이 무감각 상태에서 지쳐가고 있는 느낌이다.

과연 역사는 우리 민족을 온전히 갈라지게 내버려 둘 것인가. 2천 년 유대인 디아스포라 역사 속에서 그들은 자기 민족은 온전히 지켜왔고 그 결과 지금은 세계를 사실상 움직이는 민족이 아닌가. 우리 민족도 남과 북의 만남과 통일을 통하여 훗날 세계에서 가장 강력한 국가 중 하나가 되기를 소망한다. 그날을 기대하며 '오늘, 우리는 무엇을 할 것인가'라는 고민을 진지하게 하면 좋겠다.

원고를 마치고 보니까 독자층에 따라 이 글에 대한 생각이 다를 것으로 예상되기도 하여 염려하는 바가 많다. 분단과정에서 공산주의 만행을 겪고 남한에 오신 소위 '실향민' 분들의 아픔이 이 글을 통하여 어떻게 받아들여질까 걱정되기도 한다. 통일교육에, 즉 반공교육에 젖어온 우리 세대의 기존 인식으로부터 얼마나 자유로울 수 있을지는 의문이다. 마찬가지로 탈북민 당사자들도 나의 이야기에 공감할 수 있을까 자문해본다.

특히 통일시대에 모든 짐을 져야 하는 젊은 세대가 이 글을 읽고 곰곰이 생각하는 시간이 되었으면 고맙겠다. 어차피 이들의 몫일 터이니까.

밤에 인공위성으로 찍은 남과 북의 모습.

밤이면 북한은 어둠이다.

추천사

말이 아니라 삶으로 증명해 온 '사람'의 가치

김영수 _ 서강대학교 명예교수

남과 북의 공백이 길어지면 다시 만날 때 어려움이 크겠다는 걱정을 하고 있던 차에 『경계 너머, 사람을 만나다』가 출간됐다. 1997년 북한 신포지구 외환은행 초대 지점장으로 북한 땅을 밟았던 경험으로 시작, 춘천에서 해솔직업사관학교를 이끌고 있는 30여 년의 역사를 담은 소중한 책이다.

이 책의 화두는 '사람'이다. 사람이 얼마나 중요한가를 네 개의 장 속에서 피력하고 있다. "산하도 사람도 낯설지 않았다"로 시작하는 북한 첫인상은 "상호불신 속에서도 정이 든다"와 "사람이 나쁜 게 아니라 체제가 나쁘다"로 이어지면서 "결국엔 만나야 한다"로 귀결된다. 30여 년의 성찰에서 얻은 참으로 귀중한 결론이다.

이 책의 백미는 '해솔직업사관학교'에 담겨 있다. '해처럼 밝고, 소나무처럼 꿋꿋하게, 너만이 가진 전문기술인이 되어 이 사회에서 홀대받지 않고 당당하게 살다가, 어느 훗날 고향에 돌아가서 그 사회의 리더가 되라'는 저자의 소망이 담긴 곳이다. 해솔은 이공·기술 교육에 집중해서 직업을 갖고 새 생활을 할 수 있도록 탈북 청년들을 밀어준다. 탈북 정착이 지향해야 할 길을 저자는 실천으로 보여주고 있다.

『경계 너머, 사람을 만나다』는 남과 북이 다시 만나게 될 때 무엇을 소중하게 생각하고, 어떤 태도를 견지해야 하는지를 알려주고 있다. 지난 30여 년의 성찰을 통해 시행착오를 되풀이하지 말고 나아갈 수 있는 남북 분단 해소의 지름길이 무엇인지를 정확하게 알려주고 있다. 분단과 단절의 시간을 끝내고 남과 북이 다시 만날 때 무엇을 어떻게 해야 하는지를 분명하게 짚고 있다.

남북 분단의 역사가 짧지 않음에도 여전히 평화와 통일을 어떻게 이루어야 하는지 깨닫지 못하고 있다. 상대를 동격으로 인정할 때 평화는 무르익게 되고, 상대를 경시하거나 무시할 때는 평화가 절대 만들어지지 않는다는 걸 아직 모르고 있고, 서로 싸우고 난 후 제대로 대화조차 해 보지 못한 상태에서는 적대감만 있지 화해를 할 생각조차 못한다는 점을 생생한 체험을 통해 저자는 역설하고 있다.

30여 년의 성찰로 경계 너머에 있던 사람들이 다시 만날 때 어떻게 해야 하는지를 4장 〈우리는 무엇을 어떻게 해야 하나〉에서 강조하고 있다. 남과 북의 만남은 "언제, 어떻게"의 문제일 뿐 거스를 수 없는 흐름이란 점을 거듭 강조하면서, 묵묵히 그러나 단호하게 우리가 할 일을 하면서 노력하면 이 모든 행동과 노력이 북한 사회에 스며들 것이라 예견한다.

30년이 안고 있는 시행착오를 되풀이하지 않도록 경계 너머에 있던 사람들을 다시 만나기 전에 이 책을 꼭 읽기를 바란다.

추천사

경계의 아픔을 사랑의 실천으로 바꾼 진정한 체인지 메이커

이재열 _ 서울대학교 사회학과 교수

김영우 이사장님의 삶은 한 사람의 결단이 어떻게 사회를 변화시키는지 보여주는 살아있는 증거이다. 탈북 청년 교육기관 '해솔직업사관학교'를 설립하고 묵묵히 운영해 온 그의 여정은, 단순한 자선을 넘어, 분단의 경계를 허물고 우리 사회의 인식을 근본부터 바꾸는 진정한 '체인지 메이커'의 길이다.

1997년 북한 금호지구에서 마주한 충격적인 참상과 동포들의 절절한 아픔은 김 이사장님의 삶을 완전히 바꾸어 놓았다. 안락한 엘리트 은행원의 삶을 뒤로하고 탈북 청년들의 곁으로 향한 그의 선택은, 이념도 제도도 아닌 오직 인간에 대한 깊은 예의와 인간애에서 비롯되었다. 북녘땅에서 마주했던 그 얼굴들이 남한의 탈북 청년들에게서 겹쳐 보였기 때문이다.

해솔직업사관학교는 기존 탈북민 정책의 맹점을 정확히 꿰뚫은 혁신적 모델이다. 대학 특례 입학이라는 겉치레가 준비되지 않은 청년들을 더 깊은 실패와 좌절로 내모는 현실을 직시한 그는, 이공·기술 교육이라는 전략적 선택을 했다. 누구도 무시할 수 없는 실력으로 열등감을 극복하고 경제적으로 자립을 이루는 가장 확실한 길이었기 때문이다.

그러나 진짜 혁신은 '해솔가족'이라는 공동체에 있다. 남과 북 어디에도 속하지 못한 채 공해를 떠도는 조난자처럼, 정신적 고아로 표류하던 청년들이 이곳에서 비로소 '집'을 찾았다. 기술로 자립하고, 공동체로 치유하는 이 두 축은 탈북 청년들을 우리 사회의 당당한 구성원으로 뿌리내리게 하는 힘이 되었다. 진정한 통합과 희망을 세우는 혁신이다.

통일이 요원해 보이는 지금, 김 이사장님의 실천은 역설적으로 더욱 소중하다. 3만5천여 탈북민과 더불어 사는 오늘의 경험은 미래 통일 시대의 소중한 예행연습이다. 해솔학교에서 자립한 청년들은 통일이 두려움이 아니라 희망임을 증명하는 살아있는 증거이며, 막대한 사회통합비용을 줄일 수 있는 가장 현명한 투자이다. 분단의 비극을 사랑의 희망으로 승화시킨 그의 실천은, 남북 간 동질성 회복과 평화로운 미래를 준비하는 가장 소중한 밑거름이 되고 있다.

이 책은 한 사람의 선한 의지가 어떻게 수많은 이들의 공감을 불러일으키고, 사회적 변화의 파동을 만드는지 생생하게 증언한다. 그의 고귀한 노력에 깊은 경의를 표하며, 더 많은 지원과 관심을 강력히 촉구한다. 이 성찰의 기록이 평화로운 미래를 꿈꾸는 모든 이들에게 감동적인 이정표가 되기를, 그리하여 우리 모두가 함께 가꾸어 갈 희망의 씨앗이 되기를 진심으로 바란다.

경험으로 진단하고 이성으로 완성한 통일의 답

홍양호 _ 전 통일부 차관

김영우 이사장과 나와의 인연은 1997년 12월로 거슬러 올라간다. 통일부 경수로기획단 정책조정부장 시절에 북한 핵문제 해결의 일환인 경수로발전소 건설 현장 함경남도 금호지구 외환은행 지점 개소식에 참가하면서 그를 처음 만났다. 이후 기회가 있을 때마다 교분을 이어 오던 중, 저자가 은퇴한 후 다시 만난 자리에서, 북한 체류 경험을 살려 북한 사업을 해 볼 것을 권유하였다.

얼마 후 탈북 청소년 대안학교에서 봉사한다는 소식을 들었고, 상당한 시간이 흘러 김영우 이사장은 검정고시 위주 대안학교 방식만으로는 결코 성공적인 탈북 청소년 정착을 기대할 수 없다는 것을 깨달았다고 했다. 정착 초기부터 교육·상담·취업·가정생활에 안착할 때까지 정착 전 과정 지원(full service, one stop service) 방식으로 운영해야 한다면서 춘천으로 간다고 하였다. 바로 이것이 춘천에서 운영하고 있는 해솔직업사관학교이다.

최근 저자로부터 원고를 받았다. 생생한 현장 경험에서 나온 북한 및 통일 수상록이다. 북한 체제에 대한 진단, 탈북 청소년의 성공적 정착 대안, 그리고 통일의 해법을 감상적이 아니라 냉철한 이성의 판단하에 제시하고 있다. 그 내용은 30년간 공직에서 통일 업무를 한 본인의 생각과 거의 유사하였다. 금융기관에서 평생 일하고 퇴직 후 민간으로서 탈북 청소년 지원 사업을 하신 분이 이렇게 진지하게 북한 및 통일 문제를 고민하고 해법을 제시하고 있으니 놀라울 뿐이다.

저자는 북한 사회의 실상을 직접 목격하고 주민들과 접촉한 경험을 통해 북한 체제를 공산주의가 아닌 공산당 일당 독재이자 김씨 왕조의 세습국가로 규정하고, 거듭된 핵실험을 근거로 핵무장국가임을 덧붙였다. 또한 평화통일은 북한의 동의와 변화가 전제되어야 하며, 경제협력과 남북 사회문화 교류를 통한 사람 간의 만남이 필요하다고 강조한다. 이러한 점에서 북한 주민의 의식 변화와 체제 변화가 한반도 평화통일로 나아가는 길이라는 저자의 생각에 본인도 공감한다.

이 저서는 저자의 생생한 현장 경험과 냉철한 이성적 판단이 조화를 이루는 작품이며 북한 체제에 대한 정확한 진단, 바람직한 통일 해법을 제시했다는 점에서 이 분야에 관심있는 분들이 반드시 숙독해볼 것을 권장한다. 특히 탈북 청소년의 성공적 정착을 위해 우리 사회에서 노력하고 계신 분들이 김 이사장의 'one stop service' 실험 모델을 깊이 있게 검토하고 점진적으로 실행해 보시기를 권유해 보고 싶다.

추천사

벽을 넘어 사람을 이해하고 함께 살아온 30여 년의 기록

전병길 _ 국민대 겸임교수/예스이노베이션컨설팅 대표/
전 통일과나눔 사무국장

우리는 흔히 북한을 거대한 체제나 위협적인 뉴스로만 접하곤 한다. 하지만 이 책의 저자 김영우 이사장은 1997년 함경남도 신포의 외환은행 초대 지점장으로 부임한 이래, 30년 가까이 북한 사람들을 마음에 품고 일상 속에서 작은 통일을 실천하는 삶을 살아오셨다.

저자는 "체제는 나쁘지만 사람은 정겹다"고 말한다. 삭막한 긴장 속에서도 수양딸의 인연을 맺고, 월북 작가들의 훼손된 그림 속에서 분단의 아픔을 읽어내는 저자의 시선은 따뜻하면서도 예리하다. 특히 남한에 정착한 3만5천 명의 탈북민을 '조난자'이자 '먼저 온 통일'로 바라보며, 그들이 겪는 열등감과 외로움, 미래에 대한 불안을 자신의 일처럼 아파하는 대목에서는 가슴 먹먹한 울림을 준다.

이 책은 단순한 회고록을 넘어, 우리가 앞으로 '무엇을, 어떻게 해야 하는가'에 대한 현실적인 해법을 제시한다. 탈북 청소년들이 남한 사회에 당당히 뿌리 내릴 수 있도록 '기술' 교육에 매진하는 해솔직업사관학교의 분투기는 통일이 관념이 아닌 삶의 문제임을 증명한다.

냉랭한 남북 관계 속에서 통일이라는 단어가 점점 멀어지는 시대이다. 하지만 저자의 말처럼 북한의 변화는 우리가 만나는 양에 비례하며, 궁극적인 통일은 그들의 마음을 얻는 데 있다. 북한 동포를 이방인이 아닌 한 핏줄로 이해하고 싶은 분들, 그리고 우리 곁에 온 미래인 탈북민들과 함께 살아갈 길을 고민하는 모든 분께 이 책을 기쁜 마음으로 추천한다.

차례

2장 / 탈북민, 정말 먼저 온 통일인가?

3장 / 내가 '해솔학교'에 올인(all-in)하는 이유

4장 / 우리는 무엇을, 어떻게 해야 하나

1.

내가 본 북한,
체제는 나쁘지만
사람은 정겹다

난생 처음 북한 땅을 밟다

내가 북한 땅을 밟으리라곤 꿈에도 생각해 본 적이 없다. 남과 북이 철조망으로 가로막힌 분단국가에서 북한은 아무도 갈 수 없는 곳이니 상상한다는 것 자체부터 불가능하다. 그런데 그곳을 가게 된 것이다. 그것도 합법적으로.

두렵지는 않았다. 주변에서는 걱정이 많았지만 '어디든 사람 사는 곳이라면 다 비슷하지 않을까' 싶어 가슴이 살짝 설레기도 했다.

북한을 향해 떠나기 전까지는 몰랐다. 이후 30여 년 가까운 세월 동안 탈북민들과 인연을 계속 이어갈 줄은. 강산이 3번은 변할 수 있는 긴 시간이 흘렀는데도, 그때 만났던 북한 동포와 지금 우리 가까이에 있는 탈북민의 현실이 크게 다르지 않아 가슴이 아리다.

외환은행 초대 지점장으로 북한 부임

1997년 9월, 10여 명의 한국전력 직원들과 함께 평양행 비행기에 탑승하기 위해 중국 북경공항에 들어섰다. 당시 북경과 평양을 오가는 비행기는 주 2회 운행되었다. 고려항공사의 비행기로 좌석이 175인승인 중형급이었다.

나는 함경북도 신포지구에 건설하는 경수로원자력발전소 건설 현장에 개설할 외환은행 초대 지점장으로 부임하는 길이었다. 이 건설사업은 1994년 제네바 합의에 따라 영변의 핵연료봉 재처리 시설을 폐쇄하고 국제 감시를 허용하는 조건으로 추진된 국제적 협력사업이었다. 발전 용량이 100MWe[2]에 달하는 원자력 발전소 2기를 건설하는 거대한 사업이어서 비용도 수십억 달러에 달했다.

이 과정을 투명하게 관리하기 위해 국제적으로 신뢰받는 은행 계좌와 결제 시스템이 필요했고, 북측에서는 조선무역은행이, 남측에서는 KEDO가 선정한 외환은행이 그 역할을 담당했다. 막중한 임무를 맡고 북한에 가는 것이어서 한편으론 어깨가 무거웠다.

북경공항 대기실은 한가했다. 대기실 한편에 한 무리의 운동선수들이 모여 있었고, 그중 2명은 다리에 붕대를 매고 지팡이를 짚고 있었다. 중국에서 공연을 마치고 귀국하는 무예 단원들이었다. 몇몇 승객들은 꽃다발을 안고 있었다. 웬 꽃다발일까. 해외여행 귀국자는 입국하면 먼저 김일성 동상에 화환을 바치는 일이 대단히 중요한 일임을 나중에

---

2 100메가와트. 즉 초당 1억 와트의 전력을 생산할 수 있는 것으로, 이는 약 10만 가구가 동시에 사용할 수 있는 전력량이다.

알았다.

드디어 평양행 비행기에 탑승하는데 에어컨 대신에 드라이아이스 가루가 머리 위로 날아다녔다. 얼마간의 시간이 지나고, 우리 일행은 평양 순안 비행장에 도착했다. 입국 수속 없이 공항 외딴 편에서 별도로 대기하다가 동해안 함흥 인근 선덕 비행장으로 가는 전세 비행기를 갈아탔다(2차 대전 시 사용하던 30인승 헬기형 비행기로, 북한에서 재임하는 동안 몇 번 더 탔는데, 살아 있는 것에 감사한다). 선덕 비행장은 군사 비행장이며 주위에 조그만 격납고와 아주 낡은 경비행기 몇 대가 배치되어 있는 볼품없는 공항이다.

초가을 저녁 시간은 쌀쌀한 날씨였다. 그곳에서 전세버스로 울퉁불퉁한 비포장 시골길을 80여 km 정도 가면서 북한 동포들을 볼 수 있었다. 길가 마을 집들은 막아버린 창문 사이로 희미한 불빛이 새어 나오고, 어둠이 깃들고 있는 거리에는 가끔 국방색 제복에 회색 모자를 쓴 채 등에는 천으로 만든 가방을 멘 주민들이 하염없이 걸어서 이동하고 있었다.

아! 이곳이구나. 아! 이 사람들이구나.

나는 귀국할 때까지 똑같은 모습을 계속 볼 수 있었다.

산하도, 사람도 낯설지 않다

북한은 두 개의 나라처럼 보인다. 2백만 명이 사는 평양과 2천3백만 명이 사는 나머지 지방은 완전히 다른 모습이다.

지금도 여러 매체를 통해 보는 평양은 다른 나라 대도시와 별 차이가 없어 보인다. 대형 빌딩과 넓은 도로망이 펼쳐진 아름다운 조형 도시다. 휴전 후 소련군이 진주하여 전형적인 공산사회 도시로 재건하였다. 거기에 평양 외곽에 지어진 대형 아파트 단지와 넓은 광장은 여의도 광장을 연상케 하는 풍경이다. 단수·단전이 일상다반사인 그 아파트에 주민들이 어떻게 오르내리는지 도무지 상상이 되지 않는다.

평양을 벗어난 나머지 산하는 우리의 시골 마을과 조금도 다르지 않았다. 대단히 마음이 편했고, 이웃에 온 느낌이었다.

산하만이 아니다. 사람도 그랬다. 내가 만난 고위관리도, 중간 간부도, 같이 다니는 안내원들도, 그리고 마을의 촌부도, 사적인 자리에서는 대한민국을 동경하는 지극히 소시민이었다. 자유를 갈망하고, 배불리 먹고 싶고, 비디오테이프를 보고 싶은 남한의 우리와 하나도 다를 바 없었다.

한 핏줄은 쉽게 바뀌지 않는 것 같다. 전 세계에 흩어진 유대인들이 그러하지 않았을까. 북한에서 북한 주민들을 보고 있노라면 분명히 한 민족이고, 이웃이자 친척이라는 것을 느끼곤 했다. 어쩌면 분단이 영구히 간다 하더라도 이 동질성은 변함이 없으리라. 통일은 때가 되면 가만히 있어도 될 수밖에 없음을 북한에 가봐야 실감할 수 있다.

그러나 내가 발 딛고 서 있는 북한의 현실은 또 다른 모습으로 존재하고 있었다. 그곳에서 하루하루 생활하면서 나는 놀라운 현실을 목도하였다. 2천만 명이 넘는 전 국민이 기아에 허덕이면서도 북한 사회는 아무런 일도 없다는 듯이 너무나 고요하였다. 오직 적막감만이 산하를 덮고 있었다.

평양의 아침과 오후의 거리도 침묵과 보행의 물결일 뿐이었다. 평양 고층빌딩에는 사무용품도 제대로 없는 빈 공간이 가득하고, 시골 여행길에서 보는 가정집 부엌에는 그을음 가득한 벽면에 망가진 냄비 한두 개가 덩그라니 그림처럼 걸려 있었다. 사진으로 찍으면 그냥 그 자체로 작품이다.

이 사람들에게 이념이 가지는 의미는 무엇일까. 이념은 오직 생존을 위해 달고 다니는 배지(badge)에 불과하지 않을까. 마을 경계선을 지키고 있는 초소 군인은 "북한은 군사 대국, 정치 대국이다. 다만 미국에게 억압받는 남한 동포를 구하기 위해 일시적으로 경제적인 어려움을 감내하고 있다"고 말한다. 그는 진실로 무엇을 알고 있을까. 그가 들고 있는 목총이 무겁게만 느껴지는 것은 왜일까.

1년 8개월의 북한 생활은 나로 하여금 북한 동포를 이해하고, 가까이 느끼게 한 듯하다. 돌아오고 나서 남한에서, 탈북한 청년들과 생활한 지 22년이 되었다. 내가 해솔직업사관학교의 교장이 된 이유이기도 하다.

원자로 건설부지 안이라 소나무도 무사하고 길은 평탄작업이 되어 있다.

그들은 끝없이 걷는다. 반대편에 자전거 보행자가 보인다.

특별지역이라 마을에 자전거를 보급하였다.

북한 시골마을 중심부의 모습이다.

1998년도에 찍은 사진이다.

그때 경수로원자력발전소가 완공되었더라면

한때 세계는 자본주의와 공산주의가 첨예하게 대립하며 냉전을 벌였다. 하지만 1989년 동유럽 공산권이 붕괴되고, 1991년 소련연방공화국(USSR)이 해체되면서 사실상 공산주의는 몰락했다. 그와 함께 이념 대립도 자연스럽게 끝난 것으로 보인다. 미국 다니엘 벨은 1960년 『이데올로기 종언』이라는 저서에서 이미 공산주의, 파시즘 등의 이상적 이데올로기는 몰락했다고 선언했다.

21세기인 지금 공산주의를 논하는 것은 무의미하다. 중국, 베트남, 쿠바 등이 공산당에 의한 일당 독재를 하고 있지만 경제는 자본주의를 채택해 공산주의 이념은 퇴색했다.

북한도 마찬가지이다. 북한 공산주의 사회체제는 붕괴한 지 이미 오래다. 게다가 중국이나 베트남처럼 개혁·개방을 통한 자본주의 경제 체제를 도입해 경제 성장을 이루지도 못했다. 그 결과 30여 년 전이나 지금이나 북한 주민들의 삶은 큰 차이가 없다.

북한 경제를 살릴 수 있었던 유일한 기회

북한의 몰락은 공산주의 사회가 필패의 정치제도이므로 이미 예견된 것이나 마찬가지이다. 하지만 1989년 소련연방공화국이 해체되면서 북한의 몰락에 속도가 붙은 것도 사실이다.

해방과 더불어 38선 이북에 진주한 러시아는 북한 사회의 종주국이나 다름없었다. 러시아가 몰락하면서 북한으로 공급되던 생필품과 원유공급이 중단되고, 전기 생산이 급감하면서 북한은 자체 산업생산력을 상실했다.

북한 사회는 한 나라에서 원유와 전기가 없으면 할 수 있는 일이 하나도 없음을 증명한 전형적인 사례이다. 그들은 플라스틱 제품 하나도, 페인트 생산도 할 수 없는 처지였다. 게다가 3년에 걸쳐 대홍수와 가뭄이 반복되면서 농업 생산력마저 바닥을 쳤다. 소위 '고난의 행군' 시절이다.

20세기 말 이데올로기의 종언과 함께 공산주의 사상은 사라지고, 오직 경찰국가, 독재사회로 대체되어 북한 주민은 휘몰아치는 고통 속에서 신음하게 된다. 여기에 더하여 생존이 불가능한 기아 속에서 북한은 완전히 회생할 수 없는 사회가 되어 버렸다.

만약 '한반도에너지개발기구(KEDO)'라는 국제기구가 주도했던 북한의 경수로원자력발전소가 완공되었다면 상황은 달라졌을 것이다. 어쩌면 경수로원자력발전소 사업은 북한 사회를 소생시킬 수 있는 유일한 기회였을지도 모른다. 하지만 이미 잘 알려져 있다시피 이 사업은 국제정치적 의미가 더 커서 결국은 6년에 걸친 지지부진한 공사 끝에 1/3에 해당하는 공정을 마치고 중단되고 말았다.

북한의 경제적 측면에서 이 사업의 완공과 실패는 하늘과 땅만큼의 중대한 영향을 미치는 공사였다. 원자력발전소가 완공되었다면 1인당 약 3천 달러 수준의 경제 성장이 가능했을 것이다. 그것은 곧 시장경제 사회가 되며, 시장경제는 남한과의 교역 없이는 불가능하다. 전기가 생산되고, 아직도 매장량이 충분한 석탄 채굴이 가능해지면 석유 수입이 이루어지며 북한의 산업생산력은 성장 가도로 가게 되는 것이다.

게다가 북한의 인력은 그 잠재력에 있어서 남한의 우리에 크게 뒤떨어지지 않는다. 분단 이전의 평양을 중심으로 하는 인재풀은 남한 사회 수준과 동등했다. 비록 지금은 남한 대비 엄청난 열세를 이루는 북한이지만 남한과의 만남 속에서, 남한에서 지혜롭게 리드해 나가면 이 땅에 동남아시아 노동력을 받아들여야 하는 상황은 달라질 수 있을 것이라 확신한다.

원자력발전소 건설 초창기부터 북한 사회의 크고 작은 변화를 감지할 수 있었다. 신포 현장은 원자력 사업을 기화로 외부 세계와 북한 사람들이 자연스레 만날 수 있는 최적의 장소였다. 북한 사회를 들여다볼 수 있는 합법적 기회인 것이다. 특히 KEDO와 북한 간의 발전소 건설 협의를 위한 국제회의는 매년 두 차례 묘향산에 있는 향산 국제회의

장에서 개최되었으며, 남한 정부 부처 관계자들도 다수 참석하였다.

국제회의가 열리는 즈음, 평양 순안공항은 남한 사람들로 붐빈다. 서울로 가는 여행인 평양발 북경행 비행기 탑승객은 남한 사람이 1/3, 러시아와 북송 재일교포 등 외국인이 1/3, 북한 사람이 나머지 1/3 정도였다. 이는 사실상 북한의 공항을 남한이 접수했다는 느낌을 주었다. 공항의 조그만 면세점에는 남한 사람이 좋아하는 산삼, 송이버섯, 인삼주 등이 진열되어 있었다. 실제로 남한 방문객들이 주 고객이었다.

국제회의가 열릴 때는 신포 현장에서 평양으로 가 고려호텔에서 하루를 묵고 서울에서 오는 일행을 맞으러 순안비행장에 갔다. 공항에서 합류해 바로 묘향산에 있는 향산 국제회의장으로 가기 위해서이다. 공항 대합실에서 일행을 기다리다 보면 기분이 묘했다. 모두 김일성 배지를 달고 있는데, 나는 한국외환은행 배지를 달고 있었다. 세상이 변해도 참 많이 변했다는 생각이 들었다. 당시만 해도 남북이 비교적 평화로운 시대여서 가능했던 일일 것이다. 지금 같은 대립의 시대에는 꿈조차 꿀 수 없는 일이다. 평화와 대립의 차이는 바로 이것이다. 북한 사회도 인간이 사는 사회다. 서로가 공존할 수 있는 세상을 만드는 노력이 요구된다.

원자력 발전소가 완공되면 근무자만 해도 8천여 명이 된다고 했다. 북한 엘리트들의 관심이 집중되고, 정보요원으로 추정되는 현지의 수행 근무 요원들도 원자력 요원으로 지원할 건지 고민하면서 나에게 의견을 구하기도 했다.

경수로 건설 현장은 동해안 유일한 주간선 철도가 지나가면서 바

북한 경수로원자력발전소 건설 현장에 외환은행이 개점식을 하는 모습

로 볼 수 있는 해안가 언덕 위에 있다. 초기에는 그 철도 구간을 밤에만 통과했지만, 낮에도 운행을 시작하면서는 콩나물시루라 불리던 열차의 승객들이 객차 밖으로 나오지 못하도록 하고, 창문 역시 완전히 가렸다. 그럼에도 그곳을 지나가는 여행객은 모두가 건설 현장을 알고 있다. 남한에 온 많은 탈북민들도 직접 목격하고 강상리역[3]에서 몇 시간을 대기했던 이야기도 해주었다.

원자력 발전소 근무 기술자 8천 명이 배출되고, 개성공단 근무인력 5만5천 명, 금강산 관광에 더하여 원산 갈마지구 레포츠관광여행 개

3 북한 함경남도 금호군 강상노동자구에 있는 평라선의 철도. 이 역은 한반도에너지개발기구가 추진했던 원자력발전소 건설사업의 대상 지역서 가장 가까운 곳에 있는 역이다.

설, 지금도 존재하고 있는 나진·청진 특별공업단지에 남한의 산업공단만 추가하면 북한은 완전히 남한에 개방될 수 있었다. 게다가 당시 거론되던 북한 내륙에서 출발하는 백두산 관광 루트까지 추가되면 금상첨화였다. 계절에 상관없이 연휴에 붐비는 인천공항 여행객의 일부만 이곳을 찾는다고 가정해 보자. 북한의 핵무기는 지금처럼 극단적 갈등의 시기에는 위협일 수 있겠지만 교류와 협력의 시대라면 더욱 비핵화 협상의 여지가 생기지 않을까. 우리의 궁극적 목표는 한반도 평화와 두 사회가 번영의 행진을 누리는 일이다.

발전소 건설 현장. 사업이 중단되기 직전의 사진이다.

공산주의가 자본주의를 만나면 필패다

내가 근무하던 경수로원자력발전소 건설 현장에는 토목공사를 주로 하던 초창기이어서 많은 인력이 투입되지 않았다. 주계약자인 한국전력 산하에 4대 국내 대형 건설회사와 몇 개의 토목 도급업체가 공사를 진행 중이었다. 산을 허물고 평탄하게 만들고, 지반을 강화하는 작업을 하기 위해 거대 건설장비가 동원되었고, 남한 기술자와 북한 보조 인력이 조를 이루어 작업을 수행하였다.

주말이면 남한 근로자분들과 어울렸는데, 그분들을 보면 더 이상 공산주의가 위협이 되지 않는 듯했다. 그들은 농담처럼 "남한 사회에 불만 있는 친구들 이곳으로 데려와 봐야 안다"고 말하기도 했다. 죽느냐 사느냐 생존의 사회에서 공산주의 이념과 체제는 발붙일 곳이 없고, 자본주의와 자유민주주의 앞에서 경쟁상대가 아니라는 의미이다. 공산주의와 자본주의가 만나면 그 순간 공산주의는 필패다. 현지에 온 원자력 관련 북한 고위 간부가 신는 양말도 한국 브랜드였다. 북한 고위 간부도 그런데, 이념보다 먹고 사는 데 급급한 북한 주민은 더 말할 것도 없다.

프롤레타리아 혁명은 노동자 계급이 폭력으로 부르조아 계층을 축출하고, 공동 생산에 의한 공동 분배를 이루는 것이다. 북한의 지배계층은 노동자가 아니고 노동당과 군부, 경찰 간부이며 그들이 권력을 독점하고 있다. 주축이 되어야 할 노동자, 농민은 기아와 피지배계층으로 전락해 있는 사회가 북한이다. 기업소 단위로 이뤄지는 공동 생산 체제는 지극히 낮은 생산 효율성으로 나타나고, 공동 분배는 상급 단위에서 모두 절취하고 하급 단위에서는 빈손이다.

생존의 식량 배급이 없어져 버린 사회는 이미 공산주의 사회가 아니다. 우리에겐 듣기만 해도 공포스러운 '빨갱이'라는 용어는 이제 누구를 지칭하는 것인지 명확하지 않은 것 같다. 공산주의를 신봉하는 집단, 우리 사회에서 공산주의 사상에서 벗어나지 않는 불온한 집단일 것인데, 그런 사람들이 과연 얼마나 될까? 로봇과 인공지능이 인간을 대체하는 지금, '빨갱이'라는 용어는 무대 뒤로 사라진 구시대의 유물일 뿐이다.

인연은 어떻게든 이어진다

가만히 생각해 보면 나처럼 북한 사람들을 많이 만나고 인연을 맺어 온 사람도 드물 것 같다. 그래서 은근히 나를 싫어하는 지인들도 많다. 노골적으로 내색은 안 했지만 속으로 '저 친구 좀 이상하지 않아?' 생각하기도 했을 것이다.

28년 전 경수로원자력발전소 건설 현장에서 은행 지점장으로 근무하면서 만났던 북한 사람들은 우리 주변에서 볼 수 있는 평범하고 소박한 사람들이 대부분이었다. 물론 처음에는 낯설고 경계도 하지만 시간이 지나면 그들도 조금씩 마음을 연다. 이런저런 이야기를 하다 보면 정도 들고, 챙겨주고 싶은 마음도 생긴다. 때로는 선의가 오히려 북한 사람에게 불이익을 가져다주기도 한다. 그럼에도 그곳에서 맺은 인연은 소중하다.

상호불신 속에서도 정이 든다

북한에 은행이 진출했다는 것은 상징적인 의미가 컸지만 실제 할 수 있는 업무는 많지 않았다. 그러다 보니 나를 비롯한 은행 직원 3명은 부지 인근에 있는 초대소 식당, 휴게실, 민예관 등의 문화 시설을 자주 이용하면서 단골손님이 되었다. 단체 모임은 비공식이라 해도 긴장감이 돌지만 개인 손님으로 시설을 이용할 때는 달랐다. 이렇다 할 갈등도 없고, 개인 손님이라 거리감이 많지 않아 마음이 편했다.

식당이나 휴게실에서 시간을 보낼 때 평양에서 파견된 안전요원들과도 종종 이야기를 나눴다. 그들은 내게 가족사진을 보여주기도 하고, 내가 기독교인임을 알고 가룟 유다의 이름을 대기도 하며 아는 체 했다. 그들도 얼마나 물어볼 일이 많을 것이며, 진심을 열고 싶었을까 짐작이 갔다.

하지만 끝내 사적인 이야기와 마음을 여는 깊은 대화까지는 이어지지 못했다. 꽤 친해져 속내를 이야기할 수도 있을 때쯤이면 그들은 보이지 않는다. 기간이 끝나 복귀한 것이다.

건설 현장에서도 인간적인 에피소드가 수시로 들려온다. 가끔 은행 사무실에 들러 우리 직원과 잘 지내던 포클레인 전문기사가 어느 날 갑자기 보이지 않는다. 한 달에 한 번씩 입항하는 울산 발, 신포 착 바지선 편으로 급히 귀국했다고 한다.

알고 보니 같은 트럭에 근무하던 북한 근로자에게 엄마가 간절히 먹고 싶다고 하는 고기 국거리를 구해서 전달해 주고, 겨울 내의도 몇 벌 구해준 것이 문제가 되었다고 한다. 북한 근로자도 그 마을에서 상당 기간 보이지 않았다.

추석에 명절 선물로 보낸 사과를 부지 옆 모래밭에 묻어 두고 북한 현장 근로자에게 전달하다가 적발된 사례도 있다. 북한 근로자는 남한 근무자와 같이 근무할 때는 언제나 2인 1조가 되어 근무한다. 상호 견제이자 혼자서 근무하게 되면 쉽게 흔들리기 마련이니까 그럴 수밖에 없다.

쉽게 마음을 주고받을 수 없는 분위기였지만 특별한 인연도 생겼다. 부지 숙소 곁에 있는 휴게 시설에는 여자 근무원들이 다수 있다. 그들은 남한에서 출장 온 많은 방문객들에게 유일한 대화의 채널이다. 동정 어린 마음에 현금을 건넨다든가, 조그만 실수 비슷한 행동을 하면 충성경쟁이라도 하듯 곧장 보고하는 등 살벌한 경우도 발생한다.

우리 은행 직원들은 일과가 끝나면 휴식 차 자주 들러서 그들과 대화를 나누곤 했다. 여자 근무원 중에서도 아주 상냥하고 책도 많이 읽고 언변이 뛰어난 근무원이 있었다. 어느 날, 그녀가 담당하고 있는 휴게실 매대에서 우리 직원들과 같이 담소를 나누는데 한 직원이 말했다.

"우리 지점장님 아들만 둘이고 딸이 없는데 ○○ 자매가 수양딸 하면 어때요?"

그 근무원은 가만히 생각하며 신중한 모습을 취하다가 갑자기, "동의합네다!"라고 대답하였다. 당황하기는 그 쪽이 아니라 우리 쪽이었지만 그 순간이 남과 북의 인간적인 만남이었다.

이후 그 아이와 나는 서로 가족관계를 비롯해 여러 이야기를 나눴는데, 대화 속에 따뜻함이 배어있었다. 귀국 후 한참 지나 그 수양딸이 결혼한다는 소식에 진심으로 잘 살기를 기도하며 살림에 도움이 될 선물을 보냈다.

우리는 신종 이산가족이다. 언제 다시 만날 수 있을까. 그 아이의 생일날이 되면 가끔 잊지 않고 사진을 본다.

결국엔 만나야 한다

내가 오래전 인연을 맺었던 북한 동포들을 소환하는 것은 개인적인 감상 차원에서만은 아니다. 대한민국 절체절명의 과제는 인구문제라 한다. 미래 국가 존망의 위기라 한다.

어떻게 인구를 늘려야 할까? 벌써 오래전부터 출산율을 높이기 위해 정부 차원에서 여러 정책을 시행하는데도, 여전히 출산율이 회복될 기미가 보이지 않는다. 그렇다면 다른 나라 사람들을 받아들여 인구를 늘릴 수밖에 없는데, 전 세계 82억 인구 중에서 가장 편하게 가까이 할 수 있는 사람은 누구일까. 북한 동포들보다 동남아 또는 중동지역 사람들이 나을까? 전혀 다른 민족과 함께 사는 것보다는 한 핏줄인 북한 동포와 사는 것이 정답이지 않을까?

우리는 현재를 살면서 미래의 과제를 풀어야 한다. 우리의 만남은 '언제, 어떻게'의 문제일 뿐이다. 언젠가는 어떤 형태로든 남과 북은 만날 수밖에 없지 않을까?

남과 북이 만나면 좁은 땅 때문에 생기는 문제도 해결될 수도 있다.

가장 가까이에 있으면서 우리가 살고 있는 산야와 다를 바 없는 곳이 바로 북한이다.

북한의 산야가 그립다. 남한과 비슷하면서도 조금 다르다. 산들이 훨씬 낮다. 나무가 없으니 높은 산도 낮아 보인다. 인민들의 발이 닿는 부분은 모두 민둥산이다. 거기에 옥수수를 심는다. 이른 봄부터는 호우에 대비해서 도로 보수나 물길을 여는 공동 작업을 모두가 나서서 한다. 삽자루 하나 둘러메고 천천히 움직인다. 모이는 데 반나절, 삽질 몇 번에 담배 한 대 뭐 이런 식이다. 우리에게는 일종의 코미디였다. 그 모습이 그립다.

현장에서 북쪽으로 얼마 떨어지지 않은 곳에 위치한 북청에는 남대천이 산에서 바다로 이어진다. 예전 초등학교 교과서에 실린 전래동화인 북청 '지혜로운 물장수 이야기'로 유명한 곳이다. 그곳에 쌓인 모래가 얼마나 풍부하고 양질인지 현장 건설회사 직원들이 감탄하고 결국에는 남한의 건설회사가 수입하여 사용하기도 했다.

함흥 아래에는 강수량이 풍부한 성천강이 흐르는데, 산에서 내려온 흙이 강바닥을 다 메워버려 강 중앙에 들어가도 물의 깊이가 사람의 허리에 이른다. 먼 곳을 지나다 보면 강 중앙에서 서서 낚시하는 모습이 보이는데, 놀람과 슬픔이었다.

대부분 민둥산인데, 그래도 묘향산은 우람한 산세를 이루고 숲이 울창하다. 지리산의 웅대함을 연상케 한다. 북한의 어디를 가도 내 고향 땅이며, 조금도 낯설지가 않다. 공기마저 남한의 내음이지 베트남이나 태국의 냄새가 아니다.

게다가 눈으로 확인한 바는 없지만, 북한의 산하가 엄청난 지하자원을 품고 있다고 하지 않는가. 우리의 기술과 그곳의 희귀자원은 궁합이 딱 들어맞는다. 그것만 생각하면 마음이 바쁘다. 다른 자들이 선점한다고 하니 안타깝다.

1997년에 북한에서 시작했던 북한 동포들과의 만남은, 2004년 가을부터 운명처럼 서울에서 탈북 청소년 대안학교에서 다시 이어졌다. 그리고 벌써 20년이 넘는 세월이 흘렀다. 서울에서 그리고 춘천에서 나와 직접 인연을 맺은 아이들을 모두 합치면 300여 명이 훨씬 넘는다. 또 그들의 부모들도 있지 않는가. 나는 그들에게 온 정성을 쏟아 붓고 그들은 나에게서 위로를 받는다. 그리고 조금 덜 외로워한다. 왜냐하면 나는 그들을 남들보다 조금은 더 이해하니까 그렇다.

월북 작가 작품에서 분단의 아픔을 보다

북한에서는 건설 현장 지역 외에는 자유롭게 다닐 수 없다. 그래도 업무 관련 회의로 평양을 비롯한 다양한 곳을 다니며 사람들을 만나면서, 북한 생활을 추억하고 기념할 수 있는 무언가를 수집하고 싶었다. 김일성 전집 등 서적은 불온분자 취급받을 것 같고, 기념우표는 워낙 종류가 많아 마음에 차지는 않았지만 북한은 우표 사업이 활발하여 고가 기념우표 위주로 모으기도 하였다. 그러나 지금은 보관하기도 힘든 애물단지 처지다. 우표 외에 열심히 수집한 것이 월북 미술 작가 작품인데, 그 작품들은 지금까지 소장하고 있다.

월북 작가 그림을 수집하다

우리 숙소 부지 곁에 평양에서 내려 온 옥류관 식당과 옥류민예관이 있었다. 민예관에서는 북한 미술 작가들의 그림들을 전시·판매하고 있었는데, 산수화와 수묵화 일색이었다. 추상화는 아예 그릴 수 없도록 금지되어 있기 때문이다.

나는 원래 미술작품에 관심이 많았다. 북한에 부임하기 전 북한 관련 서적을 분야별로 준비했는데, 그중 하나가 소위 '월북 미술 작가'들에 관한 자료였다. 1945년 해방과 남북 분단이 시작되면서 사회주의를 신봉하는 지식인, 예술가, 문학인과 화가들이 대거 월북 또는 피랍을 당했다. 그들의 작품들은 남한에서 출간·유통이 금지되었다가 1988년 올림픽을 개최할 즈음에야 해금 조치되었다. 그래서 관광 상품 판매점이나 전시관을 들러 월북 미술 작가들의 작품을 구하기 시작하였다.

시간이 흐르며 꾀가 늘어 직접 발품을 팔지 않고, 옥류민예관에 파견된 화가 선생에게 부탁하여 평양 가는 편에 월북 작가 그림만 개인적으로 특별 주문하였다. 공산사회에서도 자본주의식 거래는 꽤 효과가 있었다. 내가 단골손님이기도 했고, 시간이 나면 들러서 그림 이야기를 나누다 보니 서로 신뢰하는 관계로 발전해 내 부탁을 들어줬다.

한발 더 나아가 그 이름도 유명한 평양의 만수대창작사에 입성해 작품을 구하기도 했다. 만수대창작사는 북한의 국립 예술 종합 제작소로 아무나 갈 수 없는 곳인데, 두 번째로 묘향산에 출장 가던 길에, 평양에서 나와 동행한 안내원 동무에게 떼를 써서 겨우 갈 수 있었다. 대외 외화벌이 창구도 이곳에 있어 유명 미술품과 도자기 등을 해외에서

이쾌대 작가의 5호 크기 풍경화. 작품이 많이 손상되고, 화가의 서명과 연도도 훼손되었지만 해솔학교의 제일 밝은 곳에 걸어놓고 감상을 즐기고 있다.

거래하기도 하는 곳이기도 하다.

어렵게 매니저를 만나 월북 작가 그림을 구하고 싶다고 했더니 처음에는 "없다"고 했다. 대답을 듣고도 한참 동안 자리를 뜨지 않고 있으니, 생각이 난다는 듯 "정종여 작가의 습작 4점이 있다"는 대답이 왔다. 옥석을 가릴 형편이 아니라 나에게는 큰 부담은 아니지만 그곳에서는 거금에 해당하는 돈을 주고 샀다.

정종여 작가는 리석호 작가와 쌍벽을 이루는 월북 동양화가이다. 분명히 매니저가 습작이라고 하였고, 실제로 말년에 돌아가실 때까지 만수대창작사 소속이었다는 사실은 나중에 알았다. 그 4점의 작품은 지인들에게 나눠 주고 한 점만 가지고 있다.

리석호 작가의 대형작품 '두루미'

고고한 두루미의 자태가 눈길을 사로잡는다.

최근 남한에 온 중년의 탈북민을 만났다. 공교롭게도 만수대창작사 직원으로 20여 년 소속되어 평양뿐만 아니라 해외 외화벌이 사업 요원으로 근무하였던 엘리트 요원이었다. 정종여 작가의 작품을 구입했다고 하니 습작으로 진품일 수 있다고 말했다.

서양화가 중에서 월북한 작가는 이쾌대와 김관호가 대표적이다. 그 분들의 작품은 구할 수 없었고 대신 김만형, 한상익, 길진섭, 주경, 임군홍, 김재덕의 그림을 구할 수 있었다.

그러던 어느 날, 평양에서 돌아온 민예관 화가로부터 이쾌대의 5호 크기 풍경화를 건네받았다. 순간 쾌재를 불렀다. 보관 상태가 형편없어 작품이 많이 손상되고, 화가의 서명과 연도도 훼손되어서 작품의 상품성은 떨어지지만 그분의 그림을 이곳에서 구했다는 것이 감격스러웠다. 월북 후 얼마 지나지 않아 예술계 대숙청으로 온전치 못했다는 이야기와 그림에서 풍기는 음울함이 더하여 이 작품이 위작이라고 보기 어렵다는 게 나의 생각이다. 지금 운영하고 있는 해솔직업사관학교(이하 '해솔학교')의 제일 밝은 곳에 걸어놓고 감상을 즐기고 있다.

어느 부두 통관사무실에 연동되어 있는 매점에 숨겨진 몇 점의 귀한 작품도 발견하였다. 리석호의 대형작품 '두루미', 정종여의 '매화와 참새' 그림이다. 리석호 작가의 대형 화보집은 그의 사후에 김정일의 특별 지시로 한정판으로 발간해 유통되고 있어 어렵게 한 권을 구할 수 있었다. 그 화보 대표작의 화풍과 내가 구한 작품 '두루미'가 유사하여 이 그림은 진품일 수 있다고 생각한다.

나에게 월북 작가의 그림은 기념이고 추억이다. 실제 북한 땅에 직접 가서, 오랜 시간에 걸쳐, 다양한 루트를 통해 수집한 작품들이기에 애정이 있고, 볼 때마다 마음이 흐뭇하다.

씁쓸한 기억도 있다. 몇 년 전 국립현대미술관에서 '이쾌대 특별전시회'가 있었다. 나는 북한에서 구한 이쾌대 작가의 작품을 꼭 유족에게 보여주고 싶었다. 만일 유족들이 아버님의 작품이라 확신이 서면 얼마나 감회가 클까 기대하면서 말이다. 액자 그대로 들고 전시장에 들러 전시회 매니저를 만났는데, 작품을 볼 생각도 별로 없었고, 나를 미술품 장사꾼으로 여기는 눈치였다. 그가 응대한 한마디는 "작품이 많이 손상되어 상품성이 없다"는 응답이었다.

꾸준히 수집한 월북 작가 작품들. 서양화 11점과 동양화 9점이다.

나는 미술애호가로서 이쾌대 작가와 그 가족이 겪은 비운의 운명이 안타까웠다. 내가 어렵게 구한 이쾌대 작가의 작품이 가족들에게 조그만 위로가 될 수 있기를 바랐을 뿐이다. 진심이 닿지 않았지만 그 또한 어쩔 수 없는 일이다.

현재 소장하고 있는 작품은 총 24점이다. 10여 점은 해솔학교 곳곳에 전시되어 있고, 나머지는 표구 상태로 사무실 공간에 보관하고 있다.

이념 때문에 월북했던 많은 지식인들과 문인, 화가들은 대부분 월북한 지 얼마 지나지 않은 1950년대 후반, 사상과 권력다툼으로 숙청당해 불행한 삶을 마감했다. 민족분단 비극의 당사자들이다. 이제는 그분들의 작품만이 어디엔가 흩어져 있을 뿐이다. 언젠가 남과 북이 만나면 월북 작가들의 작품성을 재조명할 수 있는 기회가 있을 것이라 기대한다.

북한은 어떤 곳인가?
정말 위협적인가?

북한 사람들은 우리와 같은 핏줄로 개인적으로 만나면 정겨울 수 있지만 북한 사회 전체를 보면 얘기는 달라진다. 전체로서의 북한은 수용하기 어렵고, 때로는 위협적으로 느껴진다. 북한에 대해 우호적인 말 한마디라도 하면 '좌파', '빨갱이'로 불리며 지탄을 받기도 한다. 그만큼 북한은 우리에게 가까이해서는 안 될 위험한 존재로 인식되고 있다.

'북한' 하면 바로 떠오르는 단어가 '공산주의', '3대 세습', '핵무기'일 것이다. 하지만 자세히 들여다보면 이것만으로는 북한 사회를 정확히 재단하기 어렵다.

'공산주의'가 아니라 '공산당 일당 독재'다

대한민국에서 '공산주의'라는 단어는 우리를 얼어붙게 하고 공포와 혐오 그리고 극단적 대립을 초래하는 악의 축이다. 공산주의는 곧 빨갱이로 연결되어 1970년대까지만 해도 반공 포스터를 그릴 때 북한 사람들을 뿔이 난 빨간 악마로 묘사했다. 빨갱이는 곧 공산주의자이고, 타도해야 할 적이었다. 그래서 '당신 빨갱이 아니야?'라고 하면 더 이상 대화는 없다는 이야기이다.

'공산주의'라는 말만으로도 얼어붙는 충분한 이유가 있다. 20세기 역사는 민주주의와 공산주의 이념적 대립과 전쟁의 역사이며 이데올로기 분쟁의 100년이었다. 더구나 대한민국은 이 투쟁의 회오리 중심부에서 국토 분단과 수백만 사상자를 낳은 전쟁을 고스란히 겪은 이념 대립의 최대 희생국이었다.

이데올로기의 종언과 더불어 공산주의의 온전한 참패에도 불구하고 21세기에 들어와서까지 한반도는 아직 공산주의 콤플렉스에서 벗어나지 못하고 있다. 여전히 '공산주의', '빨갱이'라는 단어는 사회 곳곳에 깊숙이 뿌리를 내리고, 첨예한 갈등을 부추기고 있다. '공산주의 혐오'가 우리 사회를 지배하고 있다는 생각이 든다.

북한은 정말 우리가 그토록 두려워하는 공산주의 사회일까? 나처럼 북한에 오래 살았거나 여러 번 방문하여 그 사회를 깊숙이 경험하고 관찰한 사람이라면 북한을 공산사회라고 단정하는 데 좀 회의적일 것이다.

공동 생산의 기업소에서 협력 생산은 사라지고 아예 작업 자체가 없는 것과 다름이 없다. 배급은 더군다나 없어진 지 오래다. 있다 한들

평양 대동강변에 세워진 주체사상탑. 주체사상은 인간중심사관의 민족자주, 독자노선을 표방한 이론이지만 지금은 정통성마저 부정당해 유명무실해진 상태다.

명색이 배급이지 기준에 차지 않는다. 각자도생 사회다. 어느 노동자·농민이 권력을 쥐고 있으며 부르조아 계급은 어찌 타도의 대상이란 말인가.

북한의 공식 국호는 '조선민주주의인민공화국'이다. 국민에 의한, 민주주의 사회이며 국민이 주권을 가진 사회라고 한다. 내가 정의하는 북한 사회는 '공산당 일당 독재국가', '비밀공포 경찰국가', '세습제 권력국가'이다. 민주국가의 근본인 다당제 의회국가가 아니라 '공산당'이라는 이름을 가진 일당이 정권 교체 없이 독재를 하는 나라다. 거기에 공산당의 최고 지위인 당 서기직을 김일성 일가 3세대가 세습하고 있다. 그래서 북한을 계속 공산주의 사회라고 말하기는 어렵다. 일당인 공산당이 독재하는 '폭압정치국가'라고 하는 것이 맞다.

실제 북한은 우리가 이해하는 것과는 달리, 1970년대 이후 소련식 사회주의 모델에서 주체사상이라는 독자적 노선을 시작하였다. 북한에 가면 평양 대동강변에 거대한 '주체사상탑'이 있고, 마을마다 주체사상 회관이 있다. 소위 공산주의 학습과 자아비판이 이루어지는 곳이다.

공산주의와 주체사상은 그 사상의 철학적 기반이 크게 다르다. 유물사관에 입각한 사회주의 사상에 비해 인간 중심 사관의 민족자주, 독자노선을 표방하는 이론이 주체사상이다. 하지만 주체사상의 이론적 모델을 만든 황장엽 씨가 1997년 북경에서 국제회의에 참석하던 중 한국대사관을 통해 망명함으로써 주체사상의 정통성이 깡그리 부정당하는 사태가 발생하였다. 결국 북한 공산사회주의 이론적 통치기반은 이념전쟁의 완패로 사라졌고, 독자노선을 표방한 주체사상마저 부정당함으로써 사실상 북한의 이념적 정통성은 없어져 버렸다.

빨갱이와 간첩, 체제는 무너져도 단어는 남아 있다

공산주의를 이야기하면서 빠질 수 없는 용어가 '빨갱이'와 '간첩'이다. 한국에서 '빨갱이'라는 단어는 절대 들어서는 안 될 무시무시한 단어이다. '빨갱이'라 불린다는 것은 곧 이적 행위를 하는 위험한 인물이라는 꼬리표를 다는 것과 같다.

한국 사회가 개화하는 시기에 세계적으로 사회주의 사상이 유행처럼 퍼졌고, 이에 동조하는 사람들이 '공산주의자'이다. 남북 분단 이후 80년이 지난 지금까지도 '인민이 지배하는 공산사회'를 기다리는 남한의 일부 인사들을 '빨갱이'라고 정의할 수 있다.

처음에 '빨갱이'라는 단어는 공산당이 얼마나 잔인하고, 폭력적인지를 상징하는 의미가 컸다. 6.25 전쟁을 전후로 공산주의자들의 잔혹한 행태는 주로 북한에서 남하한 실향민들의 증언을 통해 전해졌다. 공산당의 폭력적 행위를 직·간접적으로 겪었던 세대는 이제 대부분 세상을 떠났다. 그래서 오늘날에는 공산주의자들의 폭력성 그 자체보다는, 그 이념을 따르는 사람들을 비판하거나 구분하는 의미로 '빨갱이'라는 말을 쓰는 게 아닌가 생각한다.

한때 대학가를 중심으로 공산주의 이론이 번진 적이 있다. 우리 사회가 오랫동안 민주화 과정의 진통을 겪으면서 남한 사회의 미래 방향을 설정하는 일환으로 공산주의 이론을 연구하고 학습하는 운동이 유행한 것이다. 그 영향과 파급력이 작지 않았고, 일종의 사회세력화되기도 했다. 그래서 민주주의를 추구하는 남한에서 이런 세력들을 '빨갱이'라 부르며 경계한 것도 있다.

'빨갱이'라는 말은 한 시대의 역사적 경험을 담고 있으며, 한반도 통일 문제에서도 분명 일정한 의미를 지닌 용어다. 하지만 우리는 이 말을 너무 쉽게, 때로는 과하게 사용하고 있는 건 아닌가 싶다. 이념적으로 공산주의가 이미 사라진 지금, 사실상 '빨갱이'라 불릴 만한 사람은 많지 않다. 게다가 오늘날 우리 사회의 대부분은 공산주의가 어떤 사상인지조차 잘 모른다. 그럼에도 우리는 여전히, 우리 사회의 선량한 구성원들에게 해를 끼치려는 집단이나 인물을 '빨갱이'로 부르며 단죄하려 한다. 아마도 '빨갱이'라는 단어가 여전히 상대를 단번에 공격하기에 가장 손쉬운 표현처럼 느껴지기 때문일 것이다.

이에 못지않게 우리 사회가 증오하는 용어가 '간첩'이다. 우선 이미지가 음산하다. 지하에서 어둠을 즐기고, 이 사회의 안전에 관계되는 중요 정보를 음모와 유혹과 협박과 포섭을 통하여 취득하고, 무선 통신을 이용하여 비밀리에 접속하고, 공작자금과 맞바꾸어 정보를 주고받는 기분 나쁜 인물이다. 아니면 비행기를 타고 주로 유럽국가나 사회주의권 나라에 침투하여 북한 공작요원과 접속하는 고급 정보요원이기도 하다. 심지어는 비밀리에 평양을 방문한다. 고위 관리와 비밀경찰을 통해 공훈을 치하받는다.

왜 간첩을 증오하는지 살펴보기 전에 몇 가지 생각해 볼 일이 있다.

첫째, 간첩(첩보 공작원)은 동서고금을 막론하고 중요한 역할을 하는 요원이다. 우리도 예전에는 많은 간첩을 북파하기도 하고 해외로 파견하였다. DMZ를 통해 보내는 특수부대 이름도 있지 않은가. 그들은 죽음을 걸고 철조망을 뚫는다. 비난할 일이 아니다.

둘째, 간첩은 시대에 따라 효용성이 달라진다. 예전에는 현지에 침투하여 직접적인 정보를 취득하고 전달하여야 했다. 지금은 다르다. 인공위성이 지구 반대편 가로세로 1미터 시설물까지 그대로 볼 수 있다. 통신망의 발달은 인간 간첩이 도저히 따라 잡을 수 없다. 더구나 남한에 있는 남파 고정간첩이 수집할 수 있는 정보의 질이 얼마나 가치가 있을까. 아무리 미전향 장기수라 해도 몇십 년을 음지에서 사는 사람이 활동할 수 있는 영역이 얼마나 될까.

현실적인 문제도 있다. 간첩이 활동하려면 돈이 필요한데, 북한이 그들에게 무슨 수로 공작자금을 만들어 조달할 수 있을까? 북한 사회가 의식주 해결이 안 되는 마당에 남한 조직원에게 한 달에 2~3천 달러(약 300~400만 원)를 고정적으로 10년이고 20년이고 공급할 수 있을까? 2~3천 달러는 북한에서는 상상할 수 없을 정도로 큰돈이다. 고정간첩이 100명이라면 월 20~30만 달러를 보내야 하는데, 북한이 감당할 수 있는 수준이 아니다.

물론 특수한 목적과 용도로 꼭 필요한 정보를 수집해야 할 경우도 있을 것이다. 그러나 우리 사회가 신경 쓰고 두려워해야 할 정도는 아닌 것 같다. 그럼에도 우리는 아직까지도 '간첩'이라는 단어에 민감하다. 만약 문제를 만들어 의도적으로 공격하고 비난하기 위한 목적이라면 '간첩'이란 용어를 자제할 필요가 있다. 실체가 없어도 간첩 이야기는 사회적 파급력이 크기 때문이다.

셋째, 남과 북의 만남과 접촉은 다반사로 있어야 할 우리 한반도의 일상이어야 한다. 그러나 현실은 우리가 꼼짝달싹하기도 힘든 제도적·법률적 규제 속에 있다. 자칫하면 모든 만남이 실정법 위반이 될 수 있고, 절차를 따르려면 그 제약이 엄청나게 커서 할 수 있는 일이 거의 없을 정도이다. 지금은 해외에서 북한 사람을 만나는 일 자체가 실정법을 위반할 소지가 다분하다.

이렇게 북과의 접촉을 다 묶어놓은 상태에서는 결국 책상머리에서 통일 담론만 하게 된다. 나 같은 필부는 외국에서 북한 사람을 만난다 해도 굳이 붙잡아 처벌하지 않겠지만 만약 사회적 영향력이 있는 사람이라면 언제든 붙잡아 구속영장을 청구할 수 있을지도 모른다. 굶고 있는 북한 동포를 만나면 밥도 사줄 수 있고, 헤어질 때는 측은지심에 얼마의 돈을 줄 수도 있다. 길거리 걸인에게 100달러를 주면 아무 상관 없지만, 북한 동포에게 주면 경우에 따라 실정법 위반이 되어 간첩으로 몰릴 수도 있을까 조심스럽다.

마지막으로, 우리는 지난 시절 사회적·정치적 용도로 간첩이라는 용어를 오용해 대한민국의 소중한 생명들을 무참하게 희생시킨 사례들이 많았다. 지금도 재심청구로 재판이 무죄가 되고 손해배상 청구가 일어나고 있는 현실이다.

나에게도 아픈 기억이 있다. 가깝다면 아주 가까운 10년쯤 동생벌 청년이 있었다. 고교 시절 책을 많이 읽고 호기심도 많은 친구였는데, 우연히 길에서 만난 독일 여행객에게서 독일에 가면 학비도 싸고 공부할 수 있다는 말을 듣고 고교 졸업 후 독일 유학길에 올랐다.

도착한 지 얼마 지나지 않아서 산책을 하다 어딘지도 모르는 북한 대사관 앞에까지 갔다. 그 일로 정보요원에게 연행되고 얼마 후 '월북을 시도하는 간첩 체포 사건'으로 대서특필되었다. 그 친구는 마지막 순간까지 부인했음에도 불구하고 검찰은 무슨 증거로 구형을 하였는지, 법원은 무슨 조서를 근거로 유죄를 인정하였는지 20년 넘는 판결에 10년이 넘는 긴 시간을 복역하였다. 부친은 화병에 운명을 달리 하고, 두부 세례 없이 출소한 죄수는 다행히 일본 신앙인들의 합동결혼식으로 배필을 만나고 일본으로 넘어간다.

지금은 작고하신 시대의 지성인이자 이념의 고민자이셨던 홍세화님은 망명생활을 하면서 『나는 빠리의 택시 운전사』라는 제목의 저서를 남기셨지만, 이 청년은 한 번도 청춘의 꽃을 피워보지 못한 채 시대의 희생자가 되어 이국땅에서 택시 운전으로 생계를 이어가고 있었다. 최근 소식에 의하면 그 역시 변호사를 통하여 재심청구에서 승소하여 명예회복에 성공하였다 한다.

정말 조심하여야 한다. 분단의 비극이 간첩이라는 모습으로 나타날 수도 있었던 아픔을 새겨야 한다. 좀 더 실체적 진실에 근거해 이야기할 일이라 생각한다.

솔직히 이런 이야기를 하면서 '빨갱이 옹호론자' 혹은 '간첩 지지자'로 오해받을까 걱정된다. 그럼에도 마음속에 담아두었던 이야기를 꺼낸 이유는 단 하나다. 남과 북의 만남을 민족 통일로 이어가기 위해서는, 과거에 겪었던 뼈아픈 상처와 그 잔재를 하나씩 정리하고, 용서와 화해를 통해 미래 지향적이고 전진적인 발걸음을 내딛어야 하기 때문이다.

3대 세습국가, 우리에게 위협적이기만 할까

북한에 은행 지점장 근무 발령을 받고 서점에서 구입한 여러 권의 책 중에 하나가, 『북한은 절대로 망하지 않는다』라는 책이었다. 신문기자 출신의 일본인이 쓴 책인데, 상식 밖의 책 제목이라 당연히 손에 집어 들었다.

내용은 대단히 명료하였다. 북한은 표현과 집회, 결사의 자유가 전혀 없는 사회라는 이유로 내부 붕괴가 가능하지 않다는 것이다. 그때만 해도 북한에 대하여 별다른 특별한 지식이 없었지만 그래도 언뜻 동의하기가 쉽지 않은 내용이었다. 그 책 제목의 내용은 지금도 여전히 유효하다. 지구상에서 가장 악랄한 정권이면서도 이렇게 변하지 않는 것은 정말 믿기 어려운 현상이다.

그 사회가 다른 외국이라면 걱정할 일이 아니다. 지구상 반대편에 있는 나라가 망해도, 망하지 않고 독재정권을 유지해도 우리에게 별다른 영향이 없다. 그러나 최빈곤 국가이면서 바로 옆에 붙어 있는 북한은 다르다. 자칫 자폭할까 걱정이다. 북한의 자폭은 남한까지 위험에 빠뜨릴 수 있고, 북한은 동족이고 통일하여야 할 대상이므로 걱정을 안 할 수가 없다.

북한 외에도 세상에는 3대 세습이 아닐 뿐이지 독재국가는 얼마든지 있다. 만일 북한이 지금 군대가 장악하는 군부 국가라면 더 위협적일 수도 있다. 폭력에 한 발자국 더 가까우니까. 어쩌면 군부 독재정권이 권력투쟁으로 정권을 주고받았더라면 군사분계선이 지금처럼 조용하지 않았을지도 모른다. 그리고 어느 특정 군부가 정권을 잡으려면 인근 대국의 지지를 받아야 가능할 것이다. 그러면 경색국면은 더욱 장기화될 수도 있다.

그렇다면 세습국가가 변한다면 어떤 형태의 국가가 수립될 것인가. 자유민주주의 국가일까? 이런 형태는 우리가 흡수통일하면 가능할 것이다. 과연 흡수통일이 가능할까?

흡수통일은 남과 북의 사회적 균형이 이루어지고 동독처럼 통일에 대한 북한 인민의 의지가 있어야 가능하다. 억압된 사회에서 우리가 기대하는 것은 그들의 인민 봉기일 수 있다. 그것이 가능하지 않는 사회라서 지금까지 유지되고 있는 현실이다. 이미 오래전부터 남북 교류나 남한의 지원으로 북한 사회의 경제 수준이 1인당 국민소득 3천 달러 이상이고, 그것을 뒷받침하는 시장경제, 개방사회가 이루어졌다면 지금이라도 북한이 자발적으로 붕괴되거나 북한 인민들의 저항적 투쟁으로 자유의지가 표출될 수 있었을지도 모른다.

다시 생각해도, 1997년 시작한 경수로원자력발전소 건설사업이 미완으로 끝난 게 아쉽다. 완성되었다면 지금쯤은 북한의 1인당 국민소득 3천 달러 시대가 도래하여 통일로 가는 길의 아주 중요한 전환점이 되었을 것이다.

우리는 너무나 풍요한 자유민주주의 사회에서 살기 때문에 상상하기 어렵지만, 한 나라에서 전기와 석유가 없는 경제는, 할 수 있는 방도가 하나도 없음을 직접 목도하였다. 1989년 소련의 지원 중단으로 석유 유입이 마감되고 전기 생산이 없어지면서, 풍부한 매장이 있는 석탄 채굴이 불가능하고 북한의 산업은 완전히 중단되고 말았다. 중공업은 차치하고 소비재 생산마저 불가능하였다.

곳곳에 걸려 있는 김일성 일가를 찬양하는 간판 색이 바래도 그냥 두는 걸 보고 안내인에게 물었더니 "생산하는 페인트가 없어서"라는 대답이 돌아왔다. 기차역 시설이나 길가의 기업소 기계도 보수할 어떤 재료도 없어 부서진 채로 있었다. 그런데다 1995년 대홍수와 그 이후 가뭄과 홍수가 연속적으로 반복되면서 북한은 사실상 회복 불능상태로 붕괴되었다.

그때부터 '고난의 행군' 시절이 시작되었다. 그 시절 2천5백만 명의 인구 중 3백만 명이 굶어 죽었다고 한다. 그 와중에 제대로 된 통계치를 기대하기 어려운 것은 당연하다. 이 수치는 북한의 인구 변동 추세에 의거하여 추산되는 인구 숫자와 실제 보고된 인구 숫자의 차이가 그 정도가 되었다는 점에 근거한 것이다. 보고된 숫자는 식량을 원조받기 위해 북한 주재 국제기구에 보고된 숫자이므로 가장 신빙성이 있다.

그러면 왜 북한 인민들은 고스란히 아무 저항도 없이 앉아서 죽음을 당했는가. 그 당시 내가 본 북한의 산야는 고요하기만 했다. 마을 인민은 조금도 동요가 없는 존재 자체였다. 저녁에도 마을에 연기가 나는 가옥이 띄엄띄엄 보일 뿐이었다. 그들이 무얼 먹는지 상상이 가지 않았다.

실제 그 위기의 산물로 나타난 일이 3만5천 명 탈북민의 남한 입국이다. 중국행 이외에는 먹을거리가 없었던 것이다. 그들에게 탈북 동기가 무엇이며, 몇 %가 공산주의가 싫어서 왔는가, 몇 %가 남한이 좋아서 왔느냐고 질문하는 것은 일종의 우문이다. 진정한 동기를 알고 싶은 게 아니라 단지 남한의 체제가 북한보다 낫다는 것을 확인하고 싶은 질문에 불과하기 때문이다. 기아와 죽음 앞에 서 있는 사람에게 어떤 이념이 중요하냐고 묻는 게 무슨 의미가 있는 걸까.

지금 북한 김정은 세습 정권이 무너지는 경우는 김정은의 갑작스런 유고 사태와 내부 스스로 저항에 의한 봉기로 볼 수 있다. 그러나 후자의 경우는 앞에서 이야기했듯이 쉽게 일어나지 못하는 세상이다. 전자의 경우도 가능성이 크지 않다. 김정은 집권 초기에 내부 권력을 정리하는 과정에서 최측근인 고모부 장성택을 제거하는 사건이 있었다. 그때 국내외에서 김정은이 암살을 당하거나 건강 문제로 곧 내부의 변화가 있을 것이라 예측하고 우려했었다. 그러나 오랜 시간이 흘렀음에도 여전히 김정은은 건재하고 새로운 후계자의 등장까지 예고하고 있다.

2014년 미국의 유명 전략문제연구소 랜드 연구소(RAND Corporation)의 국방문제 선임연구관 브루스 W. 베넷(Bruce W. Bennet)이 쓴 《북한 붕괴 가능성에 대한 대비(Preparing for the possibility of a N.Korean collapse)》라는 연구보고서가 있다. 300쪽에 달하는 이 보고서에서는 "갑작스런 북한 권력층의 궐석은 군부 내부의 치열한 권력투쟁을 통하여 어느 한 집단이 새로운 권력을 잡게 될 것이다. 그 과정에서 중국의 영향력이 작용할 수밖에 없으므로 압록강에서의 미군 주둔은 '눈 뜨고 볼 수 없다'는 중국의 등장은 대한민국의 통일을 더 힘들게 하여 상당한 기간 통일은 논의조차도 어려울 것"이라고 해석되는 내용이 있었다. 그래서 오히려 한국은 평소에 중국과 유사시 대화할 수 있는 관계를 만들려고 노력할 필요가 있다는 의견까지 덧붙여 충고하였다.

비록 한 보고서의 일부 내용이긴 하지만, 김정은 정권의 갑작스런 붕괴로 내부 통제에 혼란이 오면 권력 승계 과정에서 상당한 무력행사를 야기함과 동시에 중국의 지배력이 오히려 커질 것이라는 예측은 충분히 설득력이 있었다. 더욱 실감나는 시나리오 예시 중 하나는, 북한 세습권력자의 제거는 일시에 교도소 문이 열리고, 치안유지를 위하여 살상에 이르는 강제진압까지도 있을 수 있다. 또한 남한의 철책선은 대량 입국사태를 막기 위해 열지 못하는 문이고, 대한민국은 육·해·공 모든 루트를 이용하여 식량과 구호물품을 공급해야 할 수도 있다는 것이다.

결국 세습 정권이 몰락한다고 끝은 아니다. 어떤 형태로 북한 사회가 변하는가 하는 문제가 더욱 중요하다. 최근 김정은은 공식적인 채널을 통해 북한 인민의 식량문제를 해결하지 못함이 자신의 실책임을 천명하며 최선을 다하겠다고 다짐하기도 했다. 더 이상 인민을 속이고는 정권을 유지할 수 없다는 점을 깨닫는 내용으로 보인다. 오직 핵무기 하나만으로는 정권 존속이 어렵다는 점이다.

여기에서 우리가 주목하여야 할 대목이 있다. 북한 인민이 전부 굶어 죽는 상황에서도 우리가 아무런 반응 없이 오직 죽기만을 기다리는 것은 전략적으로 상책으로 보이지 않는다. 그러면 더욱 통일의 기회는 없어지고 우리 사회의 불안은 상수가 되어 버린다.

사회가 온전히 몰락하고, 어느 인류학자의 예견처럼 심지어 동족의 DNA마저 바뀐 상태의 북한을 맞이하는 상황에서는 어떤 일이 벌어질까? 그런 상황보다는 북한이 자생적으로 경제적, 사회적 변화와 성장을 통하여 정치적 변동까지 이어진 상태에서 남과 북이 만나는 것이 더 바람직하지 않을까? 북한 동포의 시련과 인권침해를 당하는 지금의 모습을 보면서 세습 정권에 대해 분노하고 두려워하기보다 북한이 개혁·개방의 길로 나아가도록 유도하는 게 상책이 아닐까?

다른 모든 국가는 북한을 외면할 수 있다. 하지만 우리는 다르다. 역사적 당위성만이 아니라 바로 인접 사회라는 점에서도 북한이 불행해지는 것을 마냥 좋아할 수만은 없다. 오히려 우려의 눈으로 보는 것이 좋을 듯하다. 때로는 이스라엘이 국제사회의 질서를 무시하면서 자기 민족의 이익을 위해서는 못하는 일이 없는 경우를 본다. 그럴 때마다 우리는 북한을 어떻게 대해야 하는지 고민이 깊어진다. 쉽지 않은 문제지만 고민은 계속되어야 한다.

핵보유국, 일시에 파멸케 하는 위력이다

북한은 지구의 최빈국에서 헤매면서도 핵무기 개발은 멈추지 않았다. 그 과정에서 많은 제재를 받기도 하고 전 세계로부터 질타를 받고, 우리 사회를 끊임없이 괴롭혀 왔다. 지금에 와서는 핵보유국임을 선언하는 시점에까지 이르렀다. 어쩌다가 이런 지경에까지 오게 되었는지 사실 우리 입장에서는 난감하기만 하다. 지난 수십 년간 이루어 놓은 금자탑이 한순간에 위협을 받을 수 있지 않는가.

대한민국의 지정학적 위치는 정말 어려운 입지에 있다. 주변 중국, 러시아, 일본 세 개의 강대국 속에서 머리 위에는 핵무기를 안고 있는 북한의 모습을 보게 되었다. 위의 세 나라 중 어느 한 나라도 남북통일을 달갑게 생각할 수 없다. 더구나 핵문제나 전쟁 종식에 관한 북한과의 대화도 우리가 협상 당사자도 아니지 않은가. 정전 협상의 당사자는 미국과 북한이다. 그들의 협상 결과에 기반해 우리의 행동 영역이 정해지는 형편이다.

우리는 문재인 정부 시절, 우리가 중재한 가운데 미국과 북한의 핵협상이 상당 기간에 걸쳐, 유례없는 진전을 이루어 진행된 적이 있다. 2018년 6월 싱가포르 협상이 그렇고, 다음 해 하노이 협상이 그랬다. 판문점 남북회의장에 문재인 대통령의 입회하에 북한의 김정은과 미국의 트럼프 대통령이 남과 북의 분단 경계선에서 만나기도 했다. 당시 세기의 만남이라는 주제로 세계 각국의 내·외신 1,500여 명이 취재에 열을 올렸다. 그즈음 서울에서는 세계 유수의 국제금융기관 IMF, IBRD, ADB 등이 실무자급 국제회의를 열어 북한에 대한 직·간접적인 금융지원을 어떻게 할 수 있을지를 탐색하는 시간을 갖기도 했다.

그때까지만 해도 순조로웠다. 마지막 중대한 회담이 베트남에서 열렸다. 평양에서부터 60시간 동안 기차를 타고 회의장에 도착한 김정은은 이번 회담의 성공을 확신하는 듯한 모습을 보였다. 그러나 예기하지 못한 트럼프의 '완전하고, 검증 가능하며, 되돌릴 수 없는 비핵화(CVID; Complete, Verifiable and Irreversible Denuclearization) 선언 요구'와 동시에 북핵 문제의 중대한 이정표가 되리라 기대를 모았던 세기의 회담은 좌초되고 말았다. 김정은의 분노는 중간자 역할에 정성을 쏟은 남한 정권을 향하여 폭발하고, 정작 회담을 결렬시킨 미국에는 어떠한 항변도 하지 못하는 듯하였다.

2023년에 출간된 미국의 저명한 핵물리학자 지그프리드 헤커(Siegfried Hecker) 박사는 그의 저서 『핵의 변곡점(Hinge Points)』에서 북한이 비핵화로 가는 길에 수많은 협상의 고비 중 6번의 아주 중요한 변곡점이 있었다고 설명했다. 그중에서도 나쁜 결정이 나쁜 결과로 이어지는 가장 중요한 변곡점으로 하노이 협상의 실패를 지적하였다.

『핵의 변곡점』은 북한의 핵 개발 과정을 상세히 소개한 책이다. 저자 헤커 박사는 민간인 신분으로 미국을 대표하는 핵물리학자로서, 2004년부터 2010년까지 북한의 정식 초청으로 영변 핵처리 시설을 비롯한 관련 기관을 7차례 방문하고 관찰했다. 그 경험을 바탕으로, 미국이 북한의 핵문제를 해결하는 데 어떤 방향으로 접근하는 것이 바람직한지 그의 연구 결과를 책에 담고 있다.

로스앨러모스 핵 연구소 소장이자 이론가인 헤커 박사는, 영변 핵단지 연구소 소장인 리홍섭을 만나 현장을 점검했다. 이 과정에서 두 사람이 주고받은 예리한 질문과 답변이 고스란히 책에 소개되었는데, 이제껏 외부 어느 누구와도 일어나지 않은 내용이어서 의미가 깊다.

현장 점검은 북한이 현재의 핵무기 개발을 완성할 수 있는 실질적 능력을 확인하고 인정하는 자리이기도 했다. 기술적으로는 리홍섭이 모든 과정을 주도했으며, 나중에는 은퇴를 빌미로 평양 핵무기 개발팀에 합류한 것으로 추정된다. 또한 핵문제 관련 외교 업무는 리용호와 김계관 두 사람이 담당하며, 수시로 바뀌는 미국과 한국의 외교관을 상대로 협상을 이어갔다.

하노이 협상의 결렬은 북한 정권이 외교적 평화협상과 핵무장 위협이라는 고유의 두 가지 트랙을 병진하는 전략에서, 오직 핵무기 개발에 급속하게 몰두하게 한 결정적 계기가 되었다. 외교적 협상을 미국이 김정은 면전에서 걷어찬 시국에서 북한은 마음 놓고 공개적으로 핵무기 개발을 추진하였고, 그 과정에서 누구도 제지할 수 없는 지경에 이르렀다. 그 결과 그들이 공언한 핵무기 개발 일정을 5년이 지난 시점에는 완전한 핵무기 국가임을 선언하게 된다.

우리에게 북한의 핵무기 공격 사정거리가 얼마나 되는가는 중요하지 않다. 가장 쉽게 핵무기 공격의 대상이 되는 위협에 직면하게 되었다는 것이 문제다. 예전에는 수없이 많은 북한 핵 개발 위협에 반신반의하면서 살아왔다면, 이제 그런 시대는 지난 것 같다. 우리 모두가 진지하게 핵으로부터의 안전과 평화를 모색해야 할 시점이다. 어떠한 경우에도 분쟁과 전쟁이 이 땅에서 일어나서는 안 되는 상황이다.

우리는 북한의 핵 위협을 제외하고는 모든 면에서 월등하다. 이 국력을 바탕으로 그들이 평화의 길로 갈 수 있도록 우리가 적극적으로 해법을 강구하고 실천하여야 한다. 그러려면 당연히 많은 에너지와 비용과 희생이 필요하다. 그 길은 남과 북 모두가 평화로 가는 길이며 반드시 가야 하는 길이다. 동시에 통일로 가는 길이다. 그들이 핵무장으로 우리를 위협하지 않아도 한반도 평화와 번영을 위해서 투입되어야 하는 부담이다.

우리는 그들보다 40배가 넘는 경제력의 우위에 있다. 그 일부를 그들과 공유함으로써 그들이 남한 사회와 견줄 수는 없지만 조금이라도 비슷해져야 우리에게 유익이 된다. 흡수통일을 하는가 아니면 공산화가 되는가 하는 20세기 냉전 시대 프레임으로 지금의 남과 북을 봐서는 안 된다. 더구나 로봇과 인공지능이 인간의 역할을 대신하며 앞으로 10~20년 후면 우리가 상상하기도 힘든 새로운 세상으로 변할 수 있는 시대이다.

북한이 이대로 가면 세상이 완전히 AI로 뒤집어진 10년 후에 어떤 모습을 하고 있을까. 현대판 문맹과 완전 기진맥진한 상태에서 그들이 할 수 있는 전략은 핵무기 밖에 더 있을까. 우리는 그들이 핵무장으로 한반도를 자폭의 위협으로 끌고 가는 마당에 더욱 냉철한 판단으로 이 위기를 풀어나가야 할 것이다. 대북 강경 전략으로 소신을 굽히지 않고 계속 대립과 방관의 자세로 일관하면 결국 우리 후손에게 더 큰 위험을 물려줄 수도 있지 않을까.

사람이 나쁜 게 아니라 체제가 나쁘다

여전히 우리는 왠지 북한이 무섭고 폭력적인 사회라고 생각한다. 우리가 듣고, TV로 보는 것만으로는 대단히 무서운 세상이다. 거대한 미사일 무기와 절도 있는 열병식, 조선중앙 TV 아나운서의 위협적인 뉴스 방송, 아무도 믿지 못하는 공포의 경찰국가 체제 등 어느 하나 우리의 기준으로는 있을 수 없고 하루라도 살 수 없을 것만 같은 세상이 북한이다.

그러나 그렇지 않다. 비록 나무 없는 민둥산이고 성천강 강상이 모래 채취가 제대로 되지 않아 비가 많이 오면 강물이 넘치지만 전혀 낯설지 않다. 집에서 기른 암탉 한 마리 안고서 장마당 찾아 걸어가는 아낙네는 입술에는 립스틱을 바르고 플라스틱 머리말이로 빗은 파마머리이다. 교통편이 없어 끝없이 걸어가는 청년의 앞 포켓에는 선글라스가 있어야 멋쟁이다. 초등학교 운동회 날 만난 아이들은 내가 신은 운동화에 눈길을 보내며 서로 손가락질을 한다. 남한의 어린이와 다름이 없다.

건설 현장 휴게시설에서 만나는 안내원 동무들은 남쪽의 부유한 지점장 아저씨한테 얻어먹는 일본 맥주 한 잔과 과자 안주에 기분이 찢어지고, 조금 친해지면 마음에 있는 이야기를 조금씩 풀어나간다. 평양에 있는 가족사진을 보여주고, 비디오테이프 줄 수 없느냐고 은밀한 부탁을 하기도 한다. 세관 통관원은 이리저리 가방을 뒤지고 시비를 걸지만 그건 어쩌면 자기 내부 관찰자가 두려워 목소리가 높아지는 것 같기도 하다.

사람들이 남과 북을 선택한 것이 아니다. 사람들은 늘 그랬듯이 살고 있었을 뿐인데, 어느 날 남과 북에 철조망이 쳐지면서 갈라졌을 뿐이다. 나는 운이 좋았다. 나는 1949년생이다. 해방 후 4년, 첫돌을 맞고 이틀 후 6.25 전쟁이 발발하였다. 내가 태어나기 전, 선친은 일제 강점기에 대구상업학교를 졸업하고, 함경북도 청진에 있는 군수산업 공장에 경리 담당 직원으로 취직해 부모님과 삼촌까지 전 가족이 청진으로 갔다.

직장생활은 쉽지 않았다. 일본인 상사 눈에는 충직하기만 한 부친이 눈엣가시처럼 보여 사사건건 괴롭혔다고 한다. 곁에서 이를 지켜보던 타 부서 일본인 상사가 선친을 괴롭히는 일본인 상사가 오래 근무할 것 같으니 고향으로 돌아가라고 배려해주었다. 그래서 남쪽으로 넘어왔는데, 얼마 지나지 않아 해방을 맞이했다. 그 덕분에 우리 가족은 북한이 아닌 대한민국에서 잘 살고 있다. 선친을 괴롭혔던 일본인 상사가 우리 가족에겐 은인이 된 셈이다.

운이 좋아 남한에서 태어난 후 반세기가 지나 북한에 근무 차 부임할 때 언론과 방송이 떠들썩했다. 분단 이후 처음으로 남한의 금융기관이 북한에 상륙한다는 언론 보도가 넘쳤고, 저녁 9시 KBS TV 방송국에서도 인천공항에서 가족과 작별하는 모습을 방영하였다. 주위에서 많은 사람들이 신변 안전을 걱정하고, 건강하라고 격려해주었다. 어쩌면 적진에 들어가는 병사를 보는 심정이었는지 모른다.

하지만 정작 나는 크게 걱정하지 않았다. 공적인 사업이기도 하고, 그곳도 사람 사는 곳이 아닌가. 우리말이 통하는 동족인데 무슨 큰 어려움이 있을까 싶었다. 오히려 80년대 초 영국에 발령받아 출국할 때 어눌한 영어 능력 때문에 잘 적응할 수 있을지 걱정을 더 많이 했던 것 같다.

실제로 예상했던 것처럼 북한 사람들은 평범한 이웃 같았다. 하지만 체제는 무서웠고, 지금도 여전히 무섭다. 자기를 옥죄어 오는 주위의 많은 제약과 감시가 일상의 절반은 되는 듯하다.

더 본질적인 무서움이 있다. 굶주림과 가난이다. 북한 동포들이 거칠어지는 이유는 다 이것 때문이다. 죽느냐 사느냐 하는 생사의 기로에서 어찌 앉아서 죽기만을 기다릴 수 있는가. 그래서 일상에서 뺏고 뺏기는 분쟁이 일어나는 것이다.

탈북민들을 통해 우리는 그들이 살아온 이야기를 듣게 된다. 목숨을 걸고 국경을 건너고, 생면부지의 말도 통하지 않는 중국 땅에서 은신하며 아이까지 낳고 살고 있는 사람들이다. 그렇게 척박한 환경에서 절박하게 살다 보니 거칠어질 수밖에 없다. 결코 사람 개개인이 나빠서가 아니다. 그들이 처한 현실을 제대로 알고 이해하면 두려움과 편견 없이 그들을 만날 수 있다. 아니면 그들과 만나는 순간 자체가 위협으로 느껴지는 것이다.

우리 스스로 북한 사람들을 왜곡하는 우를 범하지는 않는가도 살펴볼 필요가 있다. 매주 토요일 아침 방영되는 'KBS 통일전망대'는 북한의 실상을 방영하는 정통 뉴스 프로그램이다. 하지만 일종의 오락 리포트 성격의 프로그램도 있다. 제작진은 고발성 오락 프로그램을 의도했어도, 시청자는 그대로 몰입하여 북한의 실태로 받아들이게 된다. 고정 인기 출연자까지 있고, 입국한 많은 탈북민들이 출연의 유혹을 받고 방송국을 찾는 경우가 허다하다. 출연료도 챙기고 자신의 존재감도 나타내고 싶기도 하기 때문이다. 시청자가 흥미를 느껴야 하므로 다분히 고

발성, 과장성, 심지어는 선정성까지 곁들인다. 출연자의 고백이다.

프로그램의 내용은 바로 우리 시청자의 북한에 대한 인식이 되고, 미담이 되기보다는 비판적이고 비이성적인 방향으로 오도된다. 이런 프로그램이 많을수록 북한을 싫어하는 사람들이 많아질 수 있다. 싫어하는 것을 넘어 증오하게 되는 경우도 비일비재하다.

북한은 언제나 악이고 우리 사회는 언제나 선이라고 생각하는 사람들이 많다. 그래서는 한 발자국도 나아가지 못한다. 오히려 멀어져 갈 뿐이다. 체제에 대한 비판에 더해 사람까지 악의 축으로 몰고 가면 결론은 자명하다. 북한 사람은 만나지 말아야 할 사람이고, 북한은 가지 말아야 할 땅이다. 좀 더 진지하게 그들을 이해하려고 노력할 필요가 있다.

평양·묘향산 여행기

평소에 매일 일기를 쓰는 것은 아니지만 한 달에 몇 차례에 걸쳐 10여 페이지에 달하는 일기를 몰아서 기록하는 생활을 하고 있다. 북한에서는 시간적으로 여유가 넘치는 생활이라 매일 저녁 일기를 썼다. 누구나 그곳에 가는 분들은 한번쯤은 일기를 모아서 책으로 출간할 수 있을 거라는 기대를 하지 않았을까. 나 역시 기록은 중요하다고 믿고 열심히 일기장을 채웠다. 귀국할 때 출국 통관에 대비해 일기 테이프를 깊숙이 숨긴다는 게 방한복 속에 넣고 가져와 실수로 통째로 버리고 말았다. 그날 일어난 일과 소회를 기록한 글이라 이곳에 옮길 자료도 제법 있었는데 아쉽기만 하다. 다행히 프린트로 보관되어 있는 평양·묘향산 여행 기록이 있어 이곳에 그대로 소개한다.

1998년 5월 4일(월)

묘향산에서 개최되는 4박 5일간의 경수로 고위 실무자 회의에 참석하기 위해 KEDO 간부와 한국전력 직원들과 함께 아침 8시에 현장을 출발하였다. 비포장도로와 산길이라 4시간 만에 80km 떨어진 함흥에 도착하여 점심을 먹었다. 인근 선덕공항에서 평양행 30인승 전세 비행기를 타고 순안비행장에 내려 고려호텔 1동 19층에 투숙하였다.

벌써 함흥 시내에는 길거리와 공장 입구 등에서 아이스케익과 냉차를 파는 모습이 보이고 몇 사람이 둘러서 있다. 옛날 초등학교 시절 하교길에 사서 먹던 아이스케익이 생각난다.

5월 5일(화)

대동강변에 내려가 강물에 손을 넣어 보니 느낌이 묘했다. 마치 수많은 이산가족의 아픔이 손끝을 타고 올라오는 듯했다.

오늘은 오후에 북경에서 오는 회의단과 합류하여 묘향산으로 가게 되어 있다. 아침 7시에 일어나 주위 건물들을 관찰하고 출근길 사람들을 유심히 구경한다. 손에 든 것은 별로 없고 마음은 평온해 보인다. 체중 때문에 아침을 걸러야 할 사람들은 없을 텐데 식단은 어떤가 궁금하다.

길에 차는 별로 없고 자전거 출근자가 보인다. 대개가 보행자들인데 네거리는 횡단보도가 없고 지하보도가 있어 힘들어 보인다. 평양 시내에는 불과 3년 전부터 자전거 이용이 허용되었단다. 에너지난이 심각한 이후로 내려진 조치다. 안내원을 들들 볶아 모란봉공원으로 택시를 몰았다. 높이는 95미터이고 언덕 꼭대기에 을밀대 정자가 반갑다. 대동강변에 따라 숲속에 부벽루가 묻혀 있다. 남산처럼 숲이 좋고 산책로가 있어 밤이면 데이트 커플로 붐빈다고 한다.

모란봉공원 꼭대기에 있는 을밀대 정자

을밀대 주위에서 초등학교 학생들이 곳곳에서 사생을 하고 있는데 화판과 스케치북이 대단히 빈약하다.

대동강변에 내려가 강물에 손을 넣어 보니 나의 손끝에서 수많은 이산가족을 대신하는 절절한 아픔이 배어 나오는 듯하다. 택시 요금이 22원(약 10달러)인데 25원을 주니 고맙다는 인사를 한다. 봉사료는 없는데 몇 대 안 되는 택시의 기사들은 외국인으로부터 팁을 받아본 것 같다.

묘향산까지는 140km인데 4차선 고속도로에 통행 차량이 거의 없어 2시간 반만에 달린다. 길 따라 흘러가는 청천강물이 얼마나 맑은지 차 속에서도 물속의 돌들이 구르는 모습이 보이는 듯하다.

5월 6일(수)

향산호텔은 묘향산(1,909m) 입구에 자리 잡은 유일한 15층 대형 호텔이다. 어제 저녁에는 북한 측에서 초청한 만찬이 있었는데 60여 명의 참석자들이 수인사를 하고 나는 재빨리 조선무역은행에서 참석한 김 국장을 찾아 같은 테이블에 앉았다. 60세이면 정년인데 얼마 남지 않았다고 한다. 아침부터 전체회의와 분과회의가 종일 계속되었다. 영어 통역까지 일일이 하니 시간도 훨씬 더 걸린다. 우리 금융 분과는 식구가 단출하다.

북측 2명, 우리 측도 2명이다. 저녁에는 14층 꼭대기 망장(회전전망대)에서 참석한 몇 사람들과 소주잔을 기울였다. 어떻게나 술을 잘 마시는지. 우리는 분명 한민족임을 눈으로 확인하는 순간이었다.

5월 7일 (목)

종일 회의가 계속된다. 금융 관련 건은 의정서상에 이미 합의된 조선무역은행 지점설치가 지연되고 있어 이의 조속한 이행을 촉구하는 내용이다. 여러 차례의 메시지가 왔다 갔다 한끝에 금년 말까지 개설하겠다는 합의를 보았다. 왠지 예감이 이상하다. 너무 쉽게 합의가 도달한 것이 아닌가 하는 의구심이 있다.

조선 무역은행 대표와의 미팅. 왼쪽이 필자

어쨌든 합의를 본 셈이니 짬을 내서 재무부에서 파견된 경수로 기획단의 재정지원부 우주하 과장과 함께 산책길에 올랐다. 30분가량 올라가니 더 이상 통행을 허용하지 아니한다. 돌아오는 길에 소년군인 한 명이 자기 키의 5배는 더 되는 소나무 둥치를 어깨에 들치고 끌면서 내려오는 중이었다. 보기에 안쓰러워 힘이 장사라며 말을 걸었더니 담배 있느냐고 묻는다. 담배를 끊은 이후 이렇게 후회해 본 적이 없다. 얼마나 담배를 맛있게 피울 수 있었을까.

5월 8일(금)

아침 5시에 일어나 산행을 허락받았다. 만폭동 계곡을 따라 가파른 바위 절벽을 한참 오르니 비선폭포가 나타난다. 그 위로 9층 폭포가 또 있다. 우리가 많이 보아 온 여느 폭포와 다를 게 없다. 오히려 커다란 바위 위에 새겨진 김일성 주석의 친필과 찬양시비가 생소한 모습이다. 하산 길에는 아예 산길을 빗자루로 청소하는 주민을 몇 사람 만났다. 등산객도 없지만 휴지 하나 깡통 하나 보이지 않는다. 묘향산은 일견 보기에 설악산과 지리산을 섞은 정도의 산자수명한 인상을 준다.

호텔에서 가까운 곳에 위치한 보현사는 1600년대 서산대사가 지은 절이다. 13층 8각 석탑이 유명하고 팔만대장경 영인본이 보관되어 있는 사찰인데 장삼을 걸친 스님 한 분이 법당에서 우리를 반긴다. 스님들이 거처하는 건물은 보이지 아니하고 절간의 안내는 50대 아주머니가 설명하여 준다.

5월 9일(토)

어제 밤 11시경에 북한 측에서 넘어 온 최종합의 문안에 우리 안건이 수정되어서 지점개설의 시한이 무기한으로 변경되어 있었다. 다시 비상이 걸려 회의장에서 밤을 새우고 새벽 6시에 짐을 챙겨 공항으로 출발하였다. 아무리 생각해도 연말 시한을 정하면 약속이행의 자신이 없는 듯하다. 문언을 고쳐 절충선에서 합의를 보았다.

주 2회 운항이므로 협상팀은 10시 비행기를 타야 한다. 아니면 평양에서 3일간 체류하여야 한다. 일행을 보내고 고려호텔에 다시 여장을 풀었다. 다음 주 화요일이어야 현장에 가는 교통편이 있다.

어제 밤부터 시작된 설사 때문에 무려 8번을 화장실에 가고 밤에는 열까지 오른다. 어두워지고 맞은 편 20층짜리 아파트들의 불이 하나씩 켜지고 희미하게나마 그들의 모습이 보이고 조그마한 마당 놀이터에 휴식 나온 시민들의 모습들을 내려다보면서 마음 속에는 친근감이 조금씩 생긴다. 내려가서 담배라도 한 대 나누어 피웠으면 좋겠다.

묘향산 보현사 대웅전 앞에 있는 13층 석탑

5월 10(일) ~12일(화)

안 되는 줄 알면서 교회에 가겠다고 9시에 옷을 챙겨 입고 나가니 우리 안내원은 요지부동이다. 옥신각신하는 중에 옥수수 박사로 알려진 경북대 김순권 교수를 만났다. 며칠 전에 개량 옥수수 전파를 위하여 왔는데 자기도 지금 봉수교회에 가는 길이라 한다. 대뜸 이두호 지점장을 아느냐면서 북한 옥수수 지원을 위하여 많이 도움을 받고 있다고 하신다.

평양 시민 퇴근길. 전차 기다리는 줄이 길기만 하다.

꿩 대신 닭이라고 내친 김에 시내 구경에 나섰다. 서울의 강남에 해당하는 평양의 서쪽 광복거리를 따라서 30층은 넘어 보이는 대형 아파트가 즐비하다. 길 너비도 족히 100m는 됨직하다. 보통강변에 늘어선 수양버드나무 가지의 숲을 걸으면서 다시 한 번 남쪽에 계신 이산가족을 생각하게 된다.

아마도 그분들이 오셔서 기억할 수 있는 곳은 남아 있는 산하이지, 옛 고향의 집은 형체도 없고 알아볼 수 있는 거리도 거의 없을 것 같았다. 인민대학습당, 인민문화궁전, 개선문, 천리마동상 등등 기념관, 공회당이 아니면 간판도 없는 큰 사무실 빌딩 그리고 아파트 건물뿐이니까 많이 변했을 것이다. 고려호텔 뒤편에 있는 평양역의 모습은 예전과 다름이 없어 보였다. 얼마 후에 다시 오리라던 기차역 말이다. 시내 구경하는 것도 안에는 들어가지 못하고 바깥에서만 빙빙 도니 시들해져서 월요일에는 안내원 몰래 호텔을 빠져나와 둘이서만 산책을 시작했는데 10분이 못되어 박동무가 헐레벌떡 찾아왔다. 가게 구경하고 식당 문 안을 기웃거리는 편이 훨씬 더 재미있을 것 같은데.

마지막 날 호텔을 나오면서 5달러를 두고 왔다. 마음 같아서는 많이 두고 싶은데 청소하고 따뜻한 물을 갈아 주던 아주머니한테 돌아간다는 보장이 없다. 짐을 들어주는 포터는 분명히 팁을 거절하였다. 공항에서 헤어질 때는 며칠간 마음만으로라도 잘 보살펴 주려 하던 김 선생과 안내원 동무는 예전에 런던에서 귀국할 때 이웃집 부부와 작별할 때보다도 더 마음의 표현을 하지 못하고 돌아서는 현실이 나의 마음을 더욱 아프게 한다.

고려호텔 옥상에서 내려다 본 평양역. 이제 다시 갈 수 없는 곳으로 남았다.

2.

탈북민,
정말 먼저 온 통일인가?

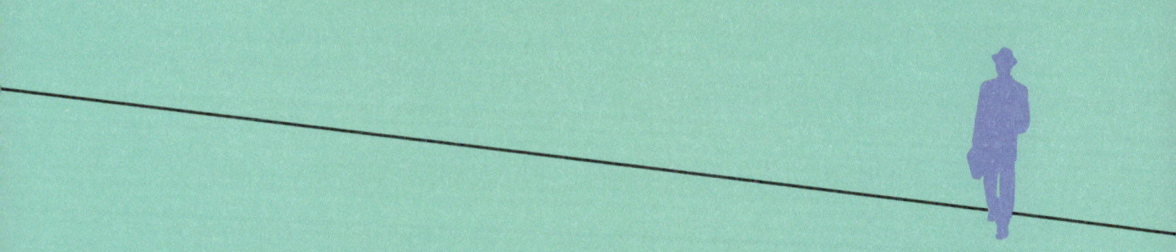

탈북민은 어떤 사람들인가

1953년 정전 이후 70년이 넘는 세월, DMZ 지역에서는 오직 나는 새들만이 자유로이 비상하고 있다. 그 긴 세월 동안 철조망을 사이에 두고 엄청난 병력이 총칼을 들고 대치 상태에 있었지만 그래도 군사 분계 지역에서 큰 교전 행위나 폭발사고를 동반하는 전쟁이 발생하지 않았다는 것은 참으로 다행스러운 일이다. 민족이 분단된 상황에서 '다행'이라는 표현을 쓰는 일이 아이러니이기는 하지만 오랜 세월 우리는 다시 전쟁의 화마가 닥칠까 걱정하며 살아온 것이 사실이다.

남북이 대치된 상황에서도 북한을 탈출해 남한으로 온 사람들이 있다. 이런 사람들을 '북한이탈주민' 혹은 '탈북민'이라 부른다. TV나 유튜브와 같은 채널을 통해 탈북민을 접할 기회가 종종 있어 낯설지는 않겠지만 그들을 제대로, 깊이 있게 이해하는 사람들은 여전히 많지 않다.

탈북민 3만5천 명 시대

북한 주민이 대한민국으로 귀순한 역사는 70여 년이 넘지만 분단 이후 약 50여 년간은 귀순한 숫자가 지극히 미미했다. 여러 가지 이유가 있겠지만 한반도 지형적 특성이 영향을 미쳤을 것으로 보인다.

한반도는 삼면이 바다지만 모두 '닫힌 바다'에 가깝다. 서해는 얇고 넓은 대륙붕으로 중국 연안과 매우 가까워 조류가 강하고 뻘층이 많아 대형 선박 항해나 은밀한 이동이 어렵다. 동해는 수심이 깊고 해류가 거세 소형선으로 이동하기가 쉽지 않다. 게다가 동해와 서해는 남북 모두 군사적 긴장 지역으로 감시가 삼엄하다. 이러한 이유로 1970년대 후반 베트남 사람들이 공산정권을 피해 보트를 타고 바다를 건넜던 것처럼 바닷길을 통해 북한을 탈출하는 것은 거의 불가능에 가깝다.

분단 독일의 경우에는 총격을 피해 넘어가는 베를린 장벽이 아니고도 동독에서 서독으로 갈 수 있는 길이 여럿 있었다. 마음만 먹으면 인근 국가를 경유하여 갈 수 있는 루트가 있었기에 통일 전에도 쉽게 서독에 있는 친지를 방문하는 것이 가능했다.

반면 한반도는 155마일로 이어지는 남북 철조망 사이가 유일한 통행로나 마찬가지여서 평화적 남북 교류 없이는 출입국 자체가 대단히 어려운 지형이다. 그래서 지금은 소위 탈북민 3만5천 명 시대라고 하지만 1953년 종전 후 1995년까지 43년간 북한에서 남한에 온 동포의 숫자는 453명에 불과하다.

1년에 평균 11명이 철조망 넘어 육상으로, 목선을 타고 해상으로, 심지어 이철수 대위는 경비행기를 몰고 하늘 길을 따라 귀순하였다. 그들을 칭하는 이름도 '월남귀순자', '월남자', '반공용사' 등 다양했다. 육해공 직항 루트를 이용하는 만큼 귀순이 어렵기도 하고, 희귀하기도 하여 그럴 때마다 언론은 대서특필했고, 국민들은 열렬히 환영했다.

그분들은 정보기관의 극진한 대접을 받았다. 2~3년간은 전국을 다니며 '통일교육'이라는 명목으로 북한의 실상을 알렸고, 이후에는 국내 유수 기업에 취업하면서 남한 사회에 정착하였다.

탈북민의 숫자는 1996년부터 늘기 시작했다. 북한의 극심한 '고난의 행군'[4] 시절, 생존을 위해 중국으로 이주한 분들이 대거 남한으로 입국하기 시작했기 때문이다. 2019년까지 매년 평균 1,500명씩 입국했다.

그러다 2020년 이후 북한 체제의 엄중한 국경 단속과 중국 공안의 수색자 북한 강제송환, 코로나로 인한 국경 완전 통제로 인해 숫자가 급격히 줄었다. 2020년 229명, 2021년 63명, 2022년 67명, 2023년 196명, 2024년 236명으로 남한 입국은 사실상 문이 닫혔다. 총 입국자 수는 34,352명(2025년 3월 31일 기준)이며, 향후 당분간은 특별한 이변이 없는 한 과거 30년간 일어났던 대량 입국사태는 어려울 것으로 보인다.

4 1990년대 중반 북한이 겪은 대기근과 경제 붕괴의 시기. 이 시기 북한 주민들은 국영 배급이 끊겨 음식을 구하기 위해 산에 가서 풀과 나무껍질을 먹거나 국경 근처로 이동하거나 일부는 탈북을 시도했다. 주민 수백만 명이 굶주림으로 희생된 것으로 알려져 있다.

이 말은 무엇을 의미하는가? 이제 북한 동포들이 오지 않으니 걱정거리가 없어져 다행이라고 해야 할까? 아니면 우리의 통일을 향한 염원은 더욱 실현되기가 힘들어지니까 불행한 일이라고 해야 할까?

우리는 3만5천 명 입국자를 통하여 남과 북이 일상 속에서 만나는 기회를 체험하였다. 사회적 비용도 많이 들고, 그들과의 소통은 쉽지 않았지만 그러한 경험을 통해 남과 북이 같이 살아가는 일이 얼마나 힘든 일인지, 무슨 의미를 가지는 것인지, 향후 어떠한 통일의 모습을 기대하는지 실험할 수 있었다. 그래서 언제나 그들을 향한 표현에는 '먼저 온 통일', '통일 역군'이라는 수식어가 장식되었다. 정말 그들을 통하여 남과 북의 만남 연습은 충분히 되었다고 본다. 이 소중한 경험을 바탕으로 남과 북의 만남이 더욱 원만하게 이루어지는 밑거름이 되었으면 좋겠다.

탈북민 중 생존자는 얼마나 될까?

지금까지 남한으로 온 탈북민이 약 3만5천 명이라면 현재 살고 있는 생존자 숫자는 얼마나 될까? 공식적으로 발표되는 자료가 없어 정확하지는 않지만 이 문제에 관심을 가지고 연구하는 학자들의 의견에 의하면 약 27,000명 정도일 것으로 추산한다.

입국 역사가 30년이 되었으니 자연 사망자 숫자가 가장 클 것이다. 하지만 정신적 외로움과 생활고에 시달리다 스스로 생명을 버린 숫자도 만만치 않다. 비록 많은 숫자는 아니지만, 공식·비공식 루트를 통해 북한으로 재입국한 사례도 상당수 있다.

굳이 그 숫자가 얼마나 되는지 알고 싶지 않다. 자연스러운 현상일 수도 있지만 그보다는 각자 기막힌 사연이 있을 것 같은 느낌이다. 정상적인 사고가 작동한다면 시도하지 않을 것 같기도 하고, 아니면 이곳이 얼마나 힘들었으면 고향에 가고 싶었을까 싶기도 하다.

한때 유행처럼 탈북민들이 남한을 떠났던 시기가 있다. 2007년경부터 10여 년 동안 유럽 국가에서 북한을 탈출한 사람들을 난민으로 인정해 당시 많은 청년들이 중국으로 가서 유럽행을 택하여 제3국으로의 탈출행렬이 이어졌었는데, 그 시기와 겹친다. 그 기간 총 820여 명의 북한 출신자들이 유럽 국가의 시민권을 취득하였다는 통계도 있다. 주로 독일과 영국이 주도했고, 북유럽국가가 난민을 허용했는데, 2016년 이후 탈남 실상이 알려져 난민 허락이 중단되어 지금은 사라졌다.

당시 탈남 현상은 유럽행만이 아니었다. 대학 진학 후 휴학은 다반사이고, 친구와 함께 소문 따라 캐나다와 호주행 비행기에 탑승하는 경우도 많았다. 호주의 1년 취업비자 워킹 할러데이 프로그램도 인기였다. 그러나 결국은 대부분 불법 체류자가 되어 돌아온다.

2015년 여름, 모 재단의 지원 프로그램의 일환으로 며칠간 영국 연수를 간 적이 있다. 런던은 1980년대에 거의 4년 가까운 시간을 근무한 도시여서 감회도 컸지만, 런던 남쪽 뉴멀든 한인 타운에 있는 옛 셋넷학교[5] 출신 제자들과 연락이 닿아 인근 지역에 살고 있는 청년 6명 중 4명과 저녁 모임을 할 수 있었다.

5 2004년에 설립된, 통일부 산하 비인가 대안학교로, 탈북 청소년들을 위한 교육 공동체로 시작했다.

셋넷학교 졸업생 숫자가 100여 명에 불과한데 그중 6명이 영국에서 살고 있다는 사실은 실제 그 당시 탈북 청년들의 디아스포라[6]임을 여실히 보여준다. 한인 타운에서 일자리도 있어, 식당과 이삿짐센터 등에서 일하며 생계를 꾸리며 살고 있었다. 그래도 안타까운 마음에 살기가 어떠한지 물었을 때, 어느 친구의 한마디 대답이 탈북 청년들 자신의 운명을 대변하였다.

"그래도 마음은 편해요……"

가슴에 커다란 충격의 울림이 있었다. 그래, 남한살이가 언제나 눈치 보며 사는 세상이지? 말도 안 통하고, 경제적 궁핍은 여전하지만 마음 편한 것이 얼마나 소중한가. 어쩌면 그들은 이곳에서 진정 자유를 누리고 있는지도 모른다. 남한에서의 자유는 무한하게 누릴 수 있는 자유인줄 알았는데 살아보니 결국은 그들에게는 천장 아래 자유였던 것이다.

우리는 그들의 마음을 도저히 알지 못한다. 남한의 탈북민 모두가 가지고 있는 숙명적인 핸디캡이다. 박사 학위로도, 안정된 직장을 가지고도, 노무일용직으로 일하여도, 저소득자 기초수급비로 생활하는 아주머니도 모두 '그래도 마음은 편해요'를 원할 것이다. 북한에 살면 비록 기아와 체제에 시달리지만 그래도 가정과 이웃도 있고, 고향도 있고, 축제 기간이면 남녀노소 춤추는 흥이 있다.

---

6 처음에는 유대인의 강제 이산을 가리키는 역사·종교 용어였지만 지금은 전쟁·식민지·가난·정치적 탄압 등으로 고향을 떠나 살지만 정체성과 기억을 유지하는 사람들을 의미하는 용어로 폭넓게 쓰인다.

춘천에 해솔학교를 개교한 지 일 년이 된 즈음에 한 학생이 캐나다에서 돌아와 입학하였다. 얼굴에 웃음이 없다. 대단히 성실한 친구이다. 사리에도 밝다. 2년여 동안 4개의 기능사 자격증을 따고 중견 상장기업에 취직할 수 있었다. 회사 회장의 각별한 배려로 무려 탈북 청년 14명을 특별 공개 채용한 덕분이다. 그중 대부분의 청년들이 지방근무 등을 이유로 이탈하였으나 그 친구를 포함해 기술을 배운 해솔 학생만이 4명이나 근무하고 있다.

성실히 일한 덕분에 지금은 저축도 상당히 했지만 그는 늘 묵묵하다. 저녁이면 혼자 한 잔의 술을 하는 것에 익숙하다.

나는 그의 마음을 안다. 엄마와 몇 살이나 어린 동생과 입국하여 엄마가 지방 도시에서 살고 있지만 엄마 이야기를 하지 않는다. 아주 가끔 엄마에게 다녀오는 눈치다.

그는 남한에 온 후 어린 동생과 캐나다로 갔다. 미성년자인 동생은 학교에 다니고, 본인은 일용직으로 일하면서 이민 허가를 기대하였으나 가능하지 않은 일이다. 동생이 마음을 잡지 못하고 공부를 하지 않는다고 몇 차례 동생을 때린 일로 이웃으로부터 신고를 당해 동생을 학대한 잘못으로 추방당한다. 귀국할 때 캐나다 당국은 동생이 미성년자임을 감안해 본인이 원하면 고아원 입양을 허락했다. 동생은 남겠다고 해 캐나다에 두고 혼자서 귀국하였다.

몸은 떨어져 있지만 늘 동생이 마음에 걸렸다. 그러기를 몇 년, 어느 날 새벽 나는 그 친구로부터 전화를 받았다. 동생이 자살했다는 통보를 방금 받았단다. 아버지는 북한에서 술로 돌아가시고, 엄마는 남쪽 어느 도시에서 살고, 동생은 캐나다에서 생을 마감하고, 그는 혼자서 한 잔의 술로 일과를 정리한다. 이것이 북한 동포의 이야기이다.

이 글을 쓰는 2025년에도 주변에서 두 분이 생을 마감하였다. 모두 50대 중반이다. 한 분은 내가 사는 춘천의 시민인데, 보호자가 없어 행려사망자 처지가 되어 며칠이 지나서야 주변 몇 분이 장례를 치러주었다. 다른 한 분은 해솔학교 출신 학생의 아버지이다. 북한에서 한의사였고 상당한 재주를 가진 분이었는데, 이곳에 와서 여러 가지 일을 시도하고 성공하려고 노력했지만 뜻대로 되지 못했다. 결국 북한에서부터 익숙한 술병을 고치지 못하고 일종의 우울증으로 음독하셨다.

2020년까지는 대한민국에 입국한 탈북민이 연평균 1,500명 이상이었는데, 이후 연간 100여 명 수준에 머물고 있다. 앞으로 특단의 변화가 없는 한 북한에서 남한으로 입국하는 탈북민은 보기 어려울 것 같다. 게다가 연도별 자연 감소 숫자를 감안하면 이제 탈북민 숫자는 정체에 머물 것으로 보인다.

그러면 지금 이 시점에서 우리는 무엇을 할 것인가. 지난 30년간 3만5천 명의 탈북민과 더불어 살면서 우리는 무엇을 하였고, 아쉬운 점은 무엇이었는지, 그동안의 통일 연습의 결실은 무엇이었는지, 통일 선봉대였던 탈북민은 앞으로 무엇을 추구하며 더 나은 내일을 꿈꿀 것인지를 정리하는 시간이 되었으면 좋겠다. 아니 반드시 해야 할 우리의 과제이다.

만약 우리가 진심으로 통일이 아니라 분단 상태를 영원히 유지하길 바란다면, 지금처럼 남북 관계가 꽉 막혀 아무 변화도 없는 상태여도

괜찮다면 고민할 필요가 없다. 하지만 언젠가 남과 북이 만나는 시간을 기대한다면 지금, 여기에서 지난 패를 복기하는 시간을 가져야 한다.

남한에 온 입국자 중 70%가 여성이다

입국자를 성별로 보면 여성이 압도적으로 많다. 전체 입국자 숫자 중 여성의 비율이 시종일관 70%를 넘는다. 남한에 먼저 정착한 어머니가 북한에 남은 자녀들을 데려오는 경우, 자녀의 성별에 따라 구분해 데려오는 것은 아니다. 따라서 실제 입국자 중 성인의 남녀 비율은 약 20대 80 정도로 추정된다.

그런데 북한의 남녀 비율이 기본적으로 50대 50이라면, 이 수치는 기혼 탈북민 가정에서 남성의 상당수가 함께 오지 못했다는 뜻이다. 즉, 북한에 남거나 이미 사망한 경우를 포함해 보면, 기혼 탈북 가정의 남성 4명 중 약 3명은 남한으로 오지 못한 셈이 된다.

많은 탈북 청년들의 이야기는 비슷한 구석이 많다. 탈북 전, 가정이 해체되는 과정에서 엄마가 중국으로 가고 나면 아버지는 무기력할 수밖에 없다. 아이들을 보살필 수 있는 능력도 없고, 사라진 부인 때문에 당국으로부터 감시도 받는다. 사업소 일도 변변하지 못하니 많은 경우 술과 담배에 탐닉한다. 그러다가 사고가 나면 사망하거나 크게 다쳐 자기 몸 간수도 힘든 경우가 많았다.

북한을 일찍 떠난 어머니들은 자식과 가족을 위해 야밤에 보따리 하나 지고 두만강을 건넜다. 일부 현금과 식량을 가족들에게 남겨 놓고 떠난다. 그들의 중국에서의 생활은 상상조차 어렵다. 우선 정착지가 대도시가 아니라 깊은 시골 지역이다. 언어장벽은 얼마나 클 것인가. 결혼한다 해도 중국 국적을 취득할 수 없어 불법체류 신분이다. 결국은 신변 보장마저 안 된다.

남한에 입국한 어머니들의 일차적 목표는 열심히 일해 돈을 모아서 북한에 남은 자녀를 데려오는 것이다. 북한의 가정은 이미 파탄이 나고 남편과는 소식이 끊긴 상태다. 남아 있던 자녀들은 온갖 어려움 속에서 학교 교육도 제대로 받지 못하고, 많은 경우 할아버지나 친척 집에서 자라게 된다. 그마저도 어려우면 결국 아이는 부모와 생이별한 고아가 되거나 거리에서 떠도는 '꽃제비'가 된 경우도 많았다.

이곳에 온 여성들의 남한 생활 역시 고되기만 하다. 당장 일자리를 구해 돈을 벌어야 한다. 두고 온 북한 가족에게 송금할 돈을 마련하거나 아이들을 데려와야 하기 때문이다. 중국에서 낳은 어린아이들도 눈에 밟힌다. 일부 여성들은 중국에 있을 때 한족이나 조선족과 같이 살면서 아이들을 낳았는데, 엄마 없이 눈칫밥 먹고 할아버지 집에서 자라고 있을 아이를 생각하면 하루라도 빨리 데려오고 싶을 것이다.

모성애는 역시 강했다. 많은 어머니들이 중간 역할을 하는 브로커들을 통해 자녀들을 데리고 왔다. 그 자체로도 행복이었다. 이곳에 온 자녀들이 얼마나 잘 살 것인지는 불확실하지만 적어도 밥을 굶지 않고, 자유로운 대한민국에서 살지 않는가. 이제 남은 일은 남한 사회에서 자기 나름대로 안정적이고 행복한 삶을 살아가는 일이다. 그러나 정말 기대만큼 잘 살 수 있을까.

아주 드문 경우이긴 하지만, 출생지가 세 곳 모두 다른 형제들도 있다. 남한에 와서 재혼해서 낳은 아이까지 겹치는 것이다. 현재 남한에 거주하는 탈북 여성은 40~50대가 가장 많은데, 이들이 감당해야 할 일은 참으로 많다. 그들 각자가 한 권의 자서전을 남기기에도 넘치는 긴 인생의 여정을 거치고, 남한에 와서도 실질적인 가장으로서 모든 역할을 감당해야 한다. 학교에 아이를 맡기고 자녀에게 관심을 보이지 않는 엄마들을 보면 때로는 화가 나기도 한다. 하지만 곰곰이 생각해 보면 엄마 혼자 모든 것을 감당하기에는 역부족임을 이해하게 된다.

30%에 해당하는 나머지 남성 입국자들의 처지는 어떨까. 20년 이상을 탈북민들과 살아온 나로서도 중년 이상의 남성을 만나기는 쉽지 않았다. 40세 이상이 되어 입국하면 그들이 할 수 있는 일이 거의 없다. 결국은 노동 현장에서 일해야 하는데 그것도 체력이 부족하다. 탈북민 남성은 한두 가지 병과 장애는 보통 갖고 있다. 대단한 용기가 아니고는 이곳 동년배와 어깨를 겨눌 수 있는 여건이 되지 않는다. 내가 본 학생들 아버지 경우에는 24시간 편의점을 가족과 같이 운영하거나 아파트 경비원 유형의 일자리가 최적이다.

가정 내부의 콤플렉스도 만만하지 않다. 북한에서는 남한에 비해 아직도 남성 가부장제가 강한 편인데, 이곳에 오면 남자의 역할이 너무나 초라하다. 바깥에 나가서 일하는 엄마는 남편보다 더 능력 있는 사람들을 만나며 자연스럽게 남편과 비교도 하게 된다. 기초수급비를 받으며 쉬고 있는 아빠는 오히려 술 먹는 시간이 더 잦아지기도 한다.

어느 날 학교의 학생이 회식 도중, 이곳에 와서 엄마와 아빠가 헤어지는 상황을 비관하며 우는 모습을 보면서 이 땅에 온 남성의 입장을 이해할 수 있었다. 북한에 있었으면 이혼하지 않았을 텐데 이곳에 와서 가정이 깨진 것이다. 교회 예배 시간이나 그들의 집단 모임에서 많은 어머니들 속에서 몇 분의 남자들이 무표정한 얼굴로 있는 모습을 본다. 참으로 딱하다.

연령별로는 청소년 비율이 30%에 달한다

입국자의 연령 분포도를 보면 10대 후반, 20~30대 청소년 비율이 30% 정도에 이른다. 이들이야말로 우리가 치켜세우는 통일 역군의 재원이다. 이곳에서 다시 교육을 받아 역량을 키워 착실한 시민이 되어 가정을 꾸리고, 이 사회의 중산층으로 자리 잡을 수 있는 가능성과 에너지를 가진 세대다. 그리고 어느 훗날 남과 북의 인적교류가 가능해지면 이들이 고향으로 돌아가 남과 북을 잇는 다리 역할을 하게 되리라는 뜻이다. 이러한 전망은 언어적·논리적으로 매우 합리적이며, 무엇보다 희망적인 메시지를 담고 있다.

여기에는 대단한 전제조건이 있다. 이 청년들이 남한에 와서 곧장 남한 동년배와 비슷한 능력을 발휘하고 직업을 가지고 동화되어 갈 때 기대할 수 있는 일이다. 나는 탈북 청년들과 20여 년을 같이 살아가며 그들 삶의 여정을 소상히 알고 있다.

환경은 인생의 전 과정에 영향을 주며 자양분이 되기도 하지만 때로는 극복하지 못하는 핸디캡을 안겨준다. 북한에서 온 청년에게 남한에서의 생존환경은 북한에서의 기나긴 여정에 못지않은 또 다른 역경이다. 태아일 때부터 영양이 부족해 신체적으로 취약하고, 기초교육을 받지 못했고, 부모의 지원도 받지 못했다. 어느 것 하나 온전한 것이 없어 이들이 남한에서 나고 자란 청년들과 경쟁하기란 애초부터 불가능해 보이기도 한다.

입국 문이 열리면서 청소년들이 단독으로 한국에 오는 경우도 많았다. 북한에서 배고파서, 떠나버린 가족을 찾아서, 장사를 하기 위해서 국경을 넘나들던 청소년들이다. 이들은 대부분 중국에서 공안의 눈을 피해 다니다가 남한에서 온 선교사나 도움을 주는 이들을 통해서 들어왔다.

많은 숫자는 아니지만, 군인으로 근무하던 휴전선 부근의 병사들이 목숨을 걸고 철조망을 넘고, 심지어는 수영을 하여 탈영하는 경우도 있다. 군 근무 중 사고 발생으로 처벌을 받아야 할 입장이거나, 사회생활하다가도 가족 문제나 사상 문제로 형사적 처벌 위기에 처하게 되면 그야말로 목숨을 걸고 탈북하기도 한다. 사연은 다양하고 처절하다. 그냥 듣기에 놀라움의 연속인 경우가 허다하다.

해솔학교를 다녔던 '꽃제비' 출신의 아이가 있다. 내가 본 꽃제비 출신 중에서는 가장 원조 격이라 할 수 있다. 황해도가 고향인 아이인데, 7살에 부모가 이혼을 하고 새어머니 밑에서 자라다 얼마 견디지 못하고 고향을 떠났다. 그때부터 20년을 온전히 꽃제비 생활만 하다가 27세의 나이에 한국에 왔다.

전국의 철도 열차가 그의 주 무대였다. 아무리 객차가 붐비고 승객이 많아도, 그는 달리는 열차 바퀴 사이의 공간에 누워 잠을 잤다고 한다. 마음만 먹으면 승객의 주머니와 보따리 속 물건은 자기 것으로 만들 수 있었다고 한다.

초등학교를 다니지 않은 친구인데, 책을 읽으라 했더니 학교 다녔다는 아이 못지않게 떠듬거리며 곧잘 읽는다. 어디서 배웠냐고 했더니 자기 팀의 대장이 소위 김책대학[7] 출신이었단다. 김책대학은 북한의 최고 엘리트 공과대학이다. 여름이면 동해안 해변에 내려 백사장 모래 위에 '가나다'를 쓰면서 한글을 가르쳐주었다고 한다. 꽃제비도 글은 알아야 한다고.

그 아이는 어디에서나 풀잎만 있으면 풀피리 연주를 기가 막히게 불 줄 안다. 어찌나 그 소리가 처량한지 교회 전도사님이나 성도님들이 들으면 감동과 애처로움에 주머니를 연다.

남한에 와서도 전국이 그의 무대이다. 재주도 좋아 남의 오토바이를 빌려 동에 번쩍 서에 번쩍, 그리고 돈도 이런저런 재주로 빌려서 갚지 않는 경우가 허다하다. 나와 만난 지 10년이 넘은 지금도 주거가 일정하지 않아 여기저기 유랑하며 하루하루를 지낸다.

지난 30년, 정부 당국은 탈북민 성인 남녀에게는 주택 대여, 신변보호, 직업 알선, 복지 주선 등 인적·물적 지원을 했다. 청소년에게는 교육 지원에 총력을 기울였다. 중·고등학교 무상교육은 당연하고 병역면제, 대학교 특례 입학과 등록금 면제, 공공기관을 통하여 특례 채용까지 제공했다. 이처럼 다양한 형태로 우리 사회는 많은 인적·물적 비

7 북한의 김책공업종합대학을 줄여 부르는 말이다. 공식 명칭은 '김책공업종합대학(Kim Chaek University of Technology)'이며, 북한 내에서 공학과 기술 분야의 최고 대학으로 알려져 있다.

용을 치르며 그들의 안정적인 사회 정착을 지원해 왔다.

그러나 과연 그들이 남한에서 안정적으로 생활하고, 일정 이상의 소득과 자산을 형성하며 살고 있는지는 의문이다. 시간이 더 지나면 그들의 삶이 점점 더 평안해지고, 남한 사람들과의 상대적 격차가 줄어들 것인지 자신 있게 답하기 어렵다.

북한 출신지별로 특징이 있다

남한에 온 탈북민의 지리적 출신지 분포는 매우 뚜렷한 특색을 보인다. 코끼리에 비유하자면, 이들은 생명 유지에 꼭 필요한 머리나 심장이 아니라 왼쪽 엉덩이와 다리 정도에 해당하는 부위의 지역 출신들로 편중되어 있다. 이는 탈북이 주로 체제의 핵심부가 아닌 접경·변방 등 주변부 지역에서 발생하고 있음을 뜻하며, 현재 남한이 접하는 탈북민의 경험이 북한 사회 전체를 그대로 대변한다고 보기는 어렵다는 점을 시사하기도 한다.

북한 2천5백만 명의 인구 중 2백만 명에 이르는 평양시민에 비해 나머지 인구는 신분 자체가 다르다고 할 정도로 사회적 격차가 심하다. 북한 제2의 도시라고 하는 함흥시만 하더라도 평양과는 아예 비교가 되지 않는 낙후된 모습을 안고 있다.

함흥에서 불과 몇십 km 거리에 있는 흥남이라는 도시에는 우리가 자랄 때 중학교 사회 교과서에 게재된, 소위 그 당시에는 국내 최대의 중화학공업인 흥남질소비료공장이 예전과 조금도 다름없는 모습으로 남아 있다. 다만 페인트가 다 녹슬어버리고 굴뚝에는 심한 아황산가스

연기만 가끔 하늘 위로 날릴 뿐이다.

우리는 지금껏 평양의 정치와 사회, 거리의 모습, 미사일 발사 모습에만 익숙해 있을 뿐, 북한의 다른 지역의 모습과 실상은 아는 바가 별로 없다. 남한에 온 탈북민 80% 이상이 양강도, 함경북도, 두만강 접경지역 거주자들이다. 중국과 연결되어 있는 평안북도만 해도 출신자들이 거의 없다. 우리가 잘 아는 '아오지 탄광' 출신과 비슷한 지역 출신들이 대부분이다.

그곳은 예전에 전국에서 일련의 죄목으로 추방되어 탄광촌으로 보내지고 그들은 자력으로 나무집을 짓고 살며 탄광에서 일하던 출신들이 많다. 지하 수백 미터에서의 작업도 전기가 없어 채굴 자체가 불가능한 상황이라 그들이 할 수 있는 일은 아무것도 없는 셈이다. 그 지역에서의 학교 기능은 이미 마비되고 학생들 뿐 아니라 선생들조차 식량 조달을 위해 자력갱생의 길을 가야 한다. 아이들은 이미 태아일 때부터 영양실조일 가능성이 크다. 엄마가 영양실조인데, 태아가 건강할리 만무하고, 출생 후에도 상황은 크게 달라지지 않는다.

개성에서 북으로 신의주까지의 서해안 지역은 기후가 온화하며 식량난도 훨씬 덜 심각한 편이다. 우리가 지금 만나는 탈북민들은 가장 어려운 지역의 주민들임을 감안해야 하며 이들이 북한을 대표하는 수준의 인적 자원이라고는 볼 수 없다.

평양 태생의 출신들은 거의 찾아볼 수 없다. 최근 들어 해외에 근무하던 외교관, 해외 주재원, 정보 계통 근무자, 외화벌이 요원 등 소위 북한의 핵심 권력 출신들이 입국하는 사례가 늘고 있다. 코로나 사태

이후 해외에서 근무하던 엘리트들이 오랫동안 입국하지 못하고 그로 인한 부작용이 커지면서 그들의 입지가 귀국해서 온전하지 못하게 되는 사태가 발생하는 것이다.

청소년 중에서도 평양 외국어 고등학교라던가 엘리트 양성학교 출신들은 똑똑한 친구들이 많다. 사실 이러한 능력 있는 친구들을 만나면 대단히 반갑다. 그리고 이들이 남한에서 정착하기는 훨씬 수월하다.

이런 능력 있는 청년들이 많다는 사실은, 북한 전역의 교육 수준이 서울과 같지는 않다 하더라도 일정한 교육이 지속되어 왔음을 보여준다. 이는 통일 이후를 생각할 때 우리 사회가 이미 확보하고 있는 중요한 자산일 것이다.

우리는 북한 사회가 철저히 망가지는 모습을 그저 지켜보며 안주해서는 안 된다. 남북은 언젠가 반드시 다시 만나게 될 존재이며, 그날이 왔을 때 그들이 우리 사회의 수준과 가치에 가까울수록 통합의 비용과 갈등은 줄어들고 가능성은 커진다. 어차피 만나야 한다면, 그 간극은 좁을수록 이상적이다.

지금은 중국 출생 아이들의 입국이 대세

이제는 탈북민이 입국하는 사례는 거의 전무한 상태이다. 남북을 가로막은 철조망을 뚫고 입국하는 경우는 거의 없다. 해외에 장기 체류하다가 북한에 귀국해야 할 시기가 된 경우, 신변의 안전을 보장받지 못하는 경우, 러시아 등지에서 오랫동안 파송되었던 해외 근로자들이 주로 입국하는 정도이다. 이마저도 드물어서 향후 상당 기간은 특별한 상황

변화가 없는 한 탈북민의 국내 입국은 불가능하다고 보아야 한다.

대신 중국에서 태어난 자녀들의 입국이 대세를 이루고 있다. 그들은 고난의 행군이 시작된 1995년을 전후해 국경을 넘어 중국으로 이주한 여성들이 중국인들과의 사이에서 낳은 아이들이다. 그래서 그들의 나이는 대개 20대 이하이다. 30세 전후는 거의 없다. 이 아이들은 대부분 먼저 입국한 어머니의 연락을 받고 한국에 방문 비자로 와서 한국 국적을 취득한다.

중국에서 태어나 한국에 들어오는 아이들이 얼마나 될까? 초·중·고등학교에 재학 중인 학령기 아동이 2,600명 수준이며, 대안학교에 다니는 재학생들을 포함하면 3,000명이 훨씬 넘는 수준으로 추정된다. 우리 정부에서는 DNA 검사 결과 친자관계가 확인되면 국적을 부여하고 있다. 아직도 상당한 숫자의 자녀들이 중국에 있어 앞으로도 꾸준히 입국할 것으로 예상된다.

이들의 정체성은 북한 출생 청소년과는 또 다른 양상으로 나타난다. 우선 조선족 출신 아버지를 둔 경우에는 한국어에 조금 익숙하지만 대부분은 한국말을 전혀 할 줄 모른다. 엄마가 한국으로 가고 난 후 대개는 의붓어머니나 할머니 밑에서 자라 한국에서 만난 엄마가 기억에도 없거나 어색하기만 하다. 엄마와도 말이 통하지 않는다. 게다가 남자 아이들은 군복무를 해야 한다. 그야말로 공포다. 자기는 중국인인데 한국에 와서 국방의무를 감당하라고 하니 쉽게 수긍할 수 없다.

아이를 데려온 엄마의 입장도 난처하기는 마찬가지이다. 남한에서 이미 재혼을 했거나 가정을 이루고 있고, 상당수는 재혼한 남편 사이에서 낳은 자녀도 있다. 내가 보호하고 있는 한 친구는 중국인 아버지와 함께 한국에 왔으나 엄마를 볼 수 없다. 엄마가 먼저 와서 결혼 사실을 알리지 못하고 처녀 시집을 가서 아들을 만날 처지가 못 되기 때문이다. 동생을 통해 소식만 들을 뿐 만나지 못하는 아픔이 얼마나 클지 짐작할 수 없다.

먼저 한국에 온 엄마들 대다수는 자기가 세대주와 진배없다. 당연히 일을 하여 생계를 꾸려야 한다. 탈북민들에게 국가가 임대 아파트를 제공하지만 대부분 소형이어서 자녀와 함께 살기에는 이만저만 불편한 것이 아니다. 따라서 엄마 입장에서는 데려 온 자녀가 한국말을 어디에선가 배우고 기술이나 익혀서 자립하기를 기대할 수밖에 없다. 그래서 그들을 보낼 대안학교, 그중에서도 기숙 시설이 있는 곳을 선호한다. 기숙학교에 보내면 엄마의 부담이 줄기 때문이다.

중국 태생 아이들의 정체성은 모호하다. 북한은 엄마이고 중국은 아버지이고 한국은 살아야 할 곳이다. 한국은 출생지 중국보다 잘 사는 곳이니 그렇다 치더라도 북한의 경우에는 아이들 입장에서는 쉽게 동의하기 어려운 것 같다. 우선 신체적으로 보더라도 아이들 대부분이 중국의 북경 이북 지역 출신이라 키가 한국 또래 못지않게 크다. 그리고 돌아갈 고향이 있어 가끔 여행을 다녀오기도 한다.

특히 중국의 한국 여행객 단기 입국 비자 면제를 크게 환영하고 있다. 중국에 대한 자부심이 북한 출생 형들보다 높아 내면적으로는 우위라고 생각한다. 북한 출신 동년배들보다 정서적·육체적으로 양호하다. 북한에서의 참담한 기아와 가정 파탄, 부모가 권력기관으로 끌려가거나 구타당하는 모습 등을 보면서 생긴 트라우마가 그들에게는 없기 때문이다. 대신 엄마가 일찍 남한으로 떠나고 난 후 새엄마나 할머니 집에서 눈칫밥을 먹고 자란 경우가 많아 대체로 무기력한 성향이 강해서 언어 장벽 핸디캡을 극복하고 의기소침한 내면의 생명력을 회복하기는 대단히 힘들다.

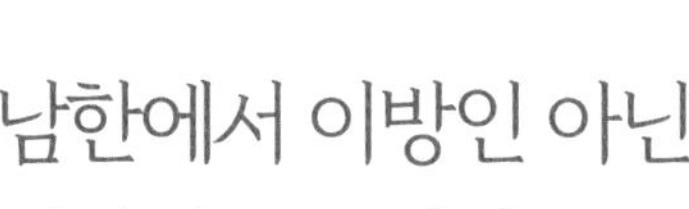

남한에서 이방인 아닌 이방인으로 살다

탈북민이 한국에 입국하기까지의 과정은 정말 험난하다. 물살을 헤치고 두만강을 건너고, 생면부지의 중국으로 탈출해 온갖 고생을 하다 겨우겨우 한국에 입국한다.

그들에게 남한은 천국이어야 한다. 먹을 것이 차고 넘치는 땅, 가고 싶은 곳은 언제 어디라도 자유롭게 다닐 수 있는 곳, 직장에서의 생활총화[8]와 자기 반성문을 쓰지 않아도 되는 곳, 심지어 대통령까지 마음대로 비판하는 언론의 자유가 있는 곳, 출신 성분의 차별이 없는 곳, 보위부나 공작대의 신변 위협이 없는 곳, 자기가 노력하는 만큼 마음껏

8 개인이나 집단이 일정 기간 동안의 생활·노동·사상 활동을 돌아보며 평가·비판·자기비판하는 회의

돈을 벌 수 있는 곳, 즉 먹고 자고 입을 것을 마음대로 선택할 수 있는 의식주의 자유가 보장되는 땅이 남한이다.

그런 곳에서는 당연히 행복해야 하는데, 과연 탈북민이 남한에서 잘 정착할 수 있을까? 그들이 기대했던 것만큼 행복할까?

하나원 문이 열리면 진짜 한국살이가 시작된다

필자가 북한에 갔던 1997년의 경우, 두만강 국경은 월경자들로 넘쳐났다. 군인들이 국경선을 지키고 있었지만, 그들도 자력갱생해야 할 처지라 촌지를 주면 쉽게 길을 터주었다.

중국에 가기 전 그들은 '중국에 가면 개도 이밥 먹는단다'라는 말을 종종 듣는다. 당연히 믿지 않는다. 어찌 개가 이밥을 먹는다 말인가. 하지만 중국에 가면 그들은 소스라치게 놀란다. 실제로 개 밥통에 흰 쌀밥이 있기 때문이다.

그들도 중국 북경을 넘어서는 순간, 굶어 죽을 걱정은 면한다. 비록 숨어 살아야 하는 불안한 생활이지만 굶어 죽지 않을 수 있다는 것만으로도 한시름 놓는다. 북한에 있을 때는 하루에 5끼라도 먹을 수 있을 것 같지만, 곧 하루에 4끼도 먹지 않게 된다.

중국에서 살다 남한에 입국한 사람들은 대부분 중국에서 거주한 기간이 평균 3~5년 정도이다. 중국에서 숨어 살다 신분이 발각돼 북한으로 되돌아가는 경우도 있고, 다행히 발각되지 않아도 언어장벽과 부당한 차별대우 때문에 중국을 제2의 고향 삼아 장기 정착하기는 어렵다.

결국 그들은 중국을 떠나 수많은 위험을 겪으면서 대한민국에 입국했다. '자유 찾아 3만 리', '풍요 찾아 3만 리'를 한 것이니 그들의 기대는 얼마나 컸을까. 대사관 담을 넘고, 중국 대륙을 가로질러 미얀마, 태국을 거쳐 인천공항에 도착했을 때는 이제 모든 것을 가질 수 있는 천국을 꿈꾸지 않았을까. 아니라면 적어도 적절한 인간적 대우를 받으며 부지런히 살면 편안하게 살 수 있을 것이라 기대했을 것이다. 얼마나 피곤한 지난날의 긴 세월이었던가.

하지만 현실은 그리 녹록하지 않다. 우선 그들은 맨몸으로 입국한다. 거의 단신이거나 부부 또는 모자 정도의 가족인데 무일푼이다. 북한에 있을 때부터 돈이라고는 별로 만져 보지 못했다. 무엇을 사고팔고 한 경험도 없고, 내 소유 재산이 없다.

한국에 오면 우선 국정원에서 일정 기간 신변에 관한 심문과 조사를 받는다. 대한민국 입국을 허용하기에 결정적인 하자나 위험은 없는지 정보기관으로서는 당연히 파악해야 할 일이다. 간첩 행위를 할 사람은 아닌지, 북한에서 아주 중대한 범죄를 저지른 수배 대상은 아닌지 등을 조사받는다. 때로는 조사받는 과정에서 몇 년 전에 북한을 탈출하다 혹은 중국에서 위험을 피하다 헤어진 가족이 이미 입국해 이곳에서 살고 있다는 소식도 알게 된다.

일차 관문을 통과하면 통일부 산하에서 운영하는 '하나원'에서 3개월 동안 교육 훈련과정을 거친다. 한 달에 한 번 빈도로 하나원 입소와 기수가 정해지고 희망에 부푼 생활이 시작된다. 남한 사회 전반에 걸친 소개와 필요한 정보를 얻는 유익한 시간이다.

청소년의 경우에는 기초 수업까지 병행한다. 하나원 동료 기수는 아주 소중한 인연이다. 이 땅에서 아는 사람이라고는 그들이 가장 가깝다. 군대 훈련병처럼 하루빨리 졸업하고 싶고 하고 싶은 일도 많다. 그렇지만 이곳 생활이 만만치 않다는 이야기도 충분히 듣는다. 하나원 퇴소와 함께 거주지를 배정받고, 나라에서 정해주는 임대 아파트에 입주한다. 정착 지원금으로 생활필수품을 구입하고, 정착 도움 기관인 하나센터를 통해서 정착 도우미와 신변 보호 경찰관의 필요한 지원도 받는다.

철저한 부자유 속에서 살다가 자유가 차고도 넘치는 남한에서의 삶에 대한 희망과 기대는 엄청나게 크다. 길고 복잡다단한 과정을 거치고 남한에 입국하여 하나원에서 퇴소하는 날, 그날부터 모든 자유를 누릴 수 있는 시간이 주어진다. 얼마나 감격적인가. 아마도 우리가 일제로부터 해방되었을 때보다 훨씬 더 많은 것을 쟁취하는 순간이다. 하늘을 향하여 두 팔을 올리고 자유의 함성을 지를 시간이다.

그러나 과연 그럴까. 하나원 정문을 나서는 순간, 같이 동고동락하며 의지하던 하나원 동료마저 이별하며 외톨이가 된다. 외로운 늑대의 신세이리라. 가진 것도, 아는 이도 없고, 길거리도, 말씨도, 간판은 외국말 투성이고, 생각의 넓이와 깊이도, 신체적 강인함도, 모든 게 낯설기만 하다. 한국 입국을 도와주는 브로커들이 정문 앞에서 대기하고 있는 경우도 있다. 돈이 없어 브로커들에게 정착 지원금에서 지불하겠다는 각서를 써주고 입국하는 경우가 있는데, 브로커들이 선지급한 경비와 보수를 회수하러 오는 것이다.

하나원을 나서면 마음이 바쁘다. 우선 돈을 벌어야 한다. 북에 두고 온 가족을 데리고 올 자금이 필요하다. 두고 온 부모님에게 보내야 할 돈도 필요하다. 쉽게 찾을 수 있는 일부터 찾아 일자리를 구하고, 주말이면 교회나 다른 종교 단체에 출석하면서 재정적 보조금도 받아야 한다.

열심히 모아 둔 저축금이 있는 걸 알고 고이자로 돈을 빌려 달라는 꼬임에 빌려 주었다가 이자는커녕 원금까지 떼이는 경우도 생긴다. 아는 사람이라고는 고향 사람뿐이니 그들에게 빌려주는 것이다. 이렇게 남한에서의 생활은 시작된다.

자존심과 깊은 열등감

탈북민들에게는 학력, 지위, 돈, 명예, 실력 등 나를 내세울 수 있는 것이 하나도 없다. 가지고 있는 것은 오직 마음속의 '자존심' 하나뿐이다. 이것마저 버리면 나는 죽은 목숨이 되리라. 그런데 정작 그들은 자존심을 버려야만 이 사회에서 살 수 있다는 가장 중요한 사실을 체득하지 못하고 있다. 자존심을 버리는 순간, 돈도 벌 수 있고, 사람도 사귈 수 있고, 말씨도 바꿀 수 있고, 짧은 지식을 보충해 배울 수 있고, 건강도 회복하고, 시간이 흐르면서 남한 사람과 동등해질 수 있다.

탈북민들은 본격적으로 남한 생활을 시작하면서 시시각각 열등감을 느끼는 경우가 많다. 그들이 남한 사람들에게 열등감을 느끼는 것은 당연하다. 그들의 잘못이 아니다.

남과 북의 개인별 국민소득(GNI)의 차이는 약 30배에 달한다. 북한의 부자와 남한의 부자는 비교조차 불가능하다. 북한의 중산층이 누리는 경제적 수준이 남한의 중산층과는 비교도 안 될 정도로 차이가 나는 것은 자명하다.

지적인 차이도 마찬가지일 것이다. 어릴 때부터 영어 유치원을 다니며 자란 남한의 아이와 어린 시절 강냉이로 끼니를 때우고, 학교도 제대로 다니지 못한 북한 아이가 경쟁이 될 리 만무하다. 탈북민들이 보는 서울의 길거리 간판은 온통 외국어 투성이다. 심지어 일상적인 대화를 할 때도 상대방의 이야기를 온전히 이해하지 못하는 경우가 비일비재하다. 자연스럽게 대화를 이어가기 어려울 수밖에 없다.

30년이 지난 지금은 탈북민 중 박사 학위를 소지한 사람이 꽤 많다. 탈북민에 관심이 많고 나름대로 지원활동을 하는 지인이 파악한 현재 박사 학위 소지자는 67명이고, 얼마 전 '북한이탈주민학회 세미나'에서 서재평 탈북자동지회 회장이 발표한 숫자는 더 많다. 그분은 지방대학에서 학위를 받은 사람도 많은데, 제대로 파악이 안 된다고 하면서 박사 학위 소지자가 100명 정도 될 것 이라 추정했다. 여러 정보를 취합한 결과 개인적으로는 약 70명 정도 될 것으로 보고 있다. 현재 박사 과정을 밟고 있는 사람들도 상당하다.

얼핏 보면 지적인 격차는 많이 없어진 것처럼 보이지만 박사 사이에서는 여전히 비주류에 속한다. 그들이 심리학 박사, 정치학 박사가 되었다고 해도 일자리를 쉽게 구하기 어렵다. 그러기에 탈북민들의 열등감은 일상에서 구조적으로 일어나는 현상일 수밖에 없다.

남과 북은 비슷한 수준에서 만나야 한다. 만나기만 한다고 능사는 아니다. 그런 의미에서 해답은 분명하다. 사회적 혼란과 갈등을 최소화하려면 먼저 북한이 잘사는 사회가 되어야 한다. 동독은 통일 당시 서독의 60% 수준 경제력을 지녔다.

하지만 북한의 개인별 국민소득(GNI)은 남한의 1/30에 불과하다. 국민총생산량을 기준으로 하면 북한은 남한의 2.5% 수준이다. 무려 40배가량 차이가 난다. 그래서 탈북민들이 갖는 운명적 열등감을 충분히 이해하고 그들의 입장을 감안하는 지혜가 필요하다. 이건 엄연한 현실이므로 단순히 그들을 가엾게 여기는 자선이 아니다.

지난 30년을 그들과 살아오면서 불평·불만을 토로하는 많은 탈북민들을 만났다. 그들이 느끼는 가장 큰 문제는 그들에 대한 편견이 지나치다는 것이다. 동일 노동에 동일 임금 원칙이 지켜지지 않기도 하고, 취업 지원을 해도 북한 출신임을 알면 취업을 허락하지 않는다는 것이다.

정말 단지 탈북민 출신이어서 채용을 하지 않을까? 일부는 그런 부류의 사람들이 있겠지만 모두가 그렇다고 단정 짓기는 어렵다.

한 사람을 채용한다는 것은 그 조직이나 기업에서는 신중을 기할 수밖에 없는 중요한 일이다. 기업 입장에서는 다른 곳에서 더 좋은 조건을 제시하면 쉽게 이직하거나 동료와 협업이 잘 되지 않을 것 같은 사람은 아무래도 꺼리기 마련이다. 북한 출신이어서가 아니라 이런 문제가 예상돼서 채용을 안 하는 것일 수도 있다. 서비스 업종에서는 심지어 사투리나 대인관계의 원만함 등도 고려대상이 될 수 있다.

물론 탈북민이라는 이유만으로 채용을 주저하는 경우도 있다. 학력, 나이, 성격 등과 마찬가지로 출신 성분이 채용 판단의 한 기준이 되기도 한다. 이런 경우 그들은 남한 사회의 편협함을 불평하게 된다.

탈북민들에게 취업은 바로 생존 자체를 의미한다. 의지할 수 있는 부모도 없고, 비축해둔 재산도 없는 상태에서 실업은 공포 그 자체이다. 오직 기초생활수급비에 의존할 수밖에 없는데, 그것도 아무에게나 주는 혜택이 아니다. 그래서 어떻게든 취업을 하려고 안간힘을 쓰는데, 그럴수록 열등감이 깊어지는 것도 사실이다.

나의 지난 20년간 연구과제가 그들의 취업이다. 오랜 연구 끝에 내가 내린 결론은 탈북민들에게 상대적으로 유리한 직종이 있다는 것이다. 취업에 번번이 실패하며 열등감을 키우지 않고, 자존심을 지키면서 일할 수 있는 직종이 분명 있다.

구체적인 예를 들면, 부부가 남하했다면 편의점 운영이 적합하다. 교대 근무가 가능하여 인건비가 온전히 자기 몫이고, 고객들에게 '깊은 열등감'을 가질 이유도 적다. 고객 유치에 자존심이 상할 요인도 별로 없다. 둘이서 운영하면 생활하기에는 전혀 부족함이 없고 상당한 저축까지 가능하다. 정년이 없고 창업비가 크게 들지 않는다. 게다가 편의점 인수 정도는 남북하나재단이나 다른 지원단체로부터 재원을 조달할 수 있으니 금상첨화다.

어머니들에게는 의료 요양사 직종도 추천할 만하다. 일정한 교육과정을 거치면 요양사 자격증을 취득할 수 있다. 일종의 전문인이다. 그리고 요양보호를 받는 환자는 그가 부자이거나 사회적 지위가 높았던 사람이라 해도 지금은 보호와 도움을 받는 입장이어서 자기를 도와주는 사람을 무시하거나 차별할 이유가 없다. 요양사 입장에서도 도움을 주는 보람을 느낄 수 있어 좋다.

직업군 선택이 특히 중요한 때는 청소년기의 진로와 취업 방향을 정할 때다. 앞으로 가야 할 길이 먼 청년들에게 제대로 된 일자리를 찾는 문제는 단순한 선택이 아니라 생존과 직결된 문제이기 때문이다.

결론부터 이야기하면 탈북민 중 청소년들이 차별받지 않고 일할 수 있는 직종은 '기술' 분야이다. 예전에 '셋넷학교'를 졸업한 학생 중 일부는 힘겹게 대학을 마치고 운이 좋게 중견 회사에 특채된 경우가 제법 있었다. 하지만 몇 년이 지나 이런저런 이유로 거의 퇴사하였다. 문과생들의 비운이다. 내가 영국에 가서 만난 제자들도 모두 서울의 소위 일류대학 문과 계통의 졸업생이거나 중도 포기 학생들이었다. 그들 역시 전공을 살리지 못하고 머나먼 타국에서 식당이나 이삿짐센터에서 몸을 쓰는 일을 하고 있었다.

기술·기능 계통을 전공한 아이들은 다르다. 상대적으로 취업이 훨씬 쉽고, 일정 기간 근무한 후에는 창업하기도 수월하다. 기술이 있으면 차별받을 이유가 없다. 본인의 기술을 응용하면 1인 회사도 가능하고, 몇 명의 친구들은 직장에서 나와서 같이 팀을 이루어 도급으로 사업을 하는 사례도 있다. 더구나 예전과 달리 이제는 하루가 다르게 진화하는 기술 시대이다. 대기업의 CEO도 경영학과 출신이 아니라 이공계 출신이 훨씬 많이 분포를 이룬다.

내가 '해솔학교'를 설립한 이유도 이와 무관하지 않다. 내가 심혈을 기울여 생애를 바치는 해솔학교는 탈북 청소년들을 대상으로 '기술 전문인'을 양성하는 학교이다. 기술인으로 당당하게, 애매하게 차별받지 말고 자기의 기술로 이 사회에서 살아가라는 의미이다.

해솔학교 학생 중 10개의 자격증을 취득한 친구가 있다. 그 친구는 어디든지 취업이 가능하다. 그뿐인가. 남한 동료들을 지도하는 위치까지 오를 수 있다. 기술이 있으면 언제, 어느 곳에서도 절대 차별받지 않는다.

탈북민들에게 유리하다고 생각하는 직종을 추천한 이유는 이것이 탈북민들이 가지는 '깊은 열등감'이라는 현실의 문제를 극복하는 길이기 때문이다. 계속 그런 일만 하라는 것이 아니다. 먼저 기술인으로 정착하면 다음 세대의 길은 넓어질 수 있다. 남과 북의 태생적인 차이가 줄면 차세대는 문과 계통으로 보내어 변호사도 되고, 마케팅 전문가도 되고 심리상담 전문가도 될 수 있을 것이다.

숙명 같은 외로움은 끝이 없다

깊은 열등감 외에도 탈북민을 괴롭히는 게 또 있다. 바로 '엄청난 외로움'이다. 이 세상에 외롭지 않은 사람이 어디 있을까. 그러나 가족이 있고, 친구가 있고, 돈이 있고 건강하면 덜 외롭다. 외로울 시간이 없기도 하다.

내가 아는 탈북민 부모나 청소년은 대부분 많이 외로워한다. 우선 믿고 마음을 나눌 수 있는 사람이 적다. 만나고 연락할 수 있는 사람이 겨우 몇 사람에 불과하다. 몇 안 되는 하나원 동기 외에는 전화할 곳도 없다. 그들끼리 모이는 작은 커뮤니티가 있지만 갈등이 많아 아무나 만나지도 못한다. 그래서 저녁이면 혼자 쓸쓸하게 시간을 보낸다.

가정이 있으면 덜 외로울 것 같지만 청소년들에게는 가정이 오히려 외로움을 부추기기도 한다. 많은 엄마가 남한에서 새 가정을 꾸리는데,

새아버지와의 사이가 아무래도 편치 않기 때문이다.

해솔학교 학생들의 경우를 보면 방학이나 명절 연휴에도 아주 즐거운 마음으로 편하게 엄마에게 다녀오지 못하는 것 같다. 거주지도 불편하고, 간다고 해서 생활비라도 흡족하게 받지도 못한다. 때로는 고작 며칠 있는 동안 엄마에게 심하게 질책을 당하고 돌아오기도 한다. 만나지 않은 것만도 못하니 슬그머니 개학하기도 전에 기숙사에 잠입한다. 엄마도 외롭고 아이도 외롭다.

그럴 때면 나는 어머니에게 아픈 마음으로 권하고 싶어진다. 아이가 새아버지보다 먼저라고. 나이 들어 결국은 핏줄이 우선이지 나그네 만남 같은 관계는 오래가지 못한다고 말이다. 그리고 아이들을 질책하지 말고 따뜻한 마음으로 안아주라고. '내가 이렇게 어렵게 살고 있는데 너희는 공부만 열심히 하면 되지 그것도 못하느냐' 라며 내 기준에서 이야기하지 마시라고. 당신 아들이 공부 못하는 것은 아들 잘못이 아니고, 돈도 쓰고 싶고, 고민도 많고 누구로부터도 위로받지 못한다고 말이다.

그래서 30년 탈북민 역사가 흐른 지금, 자기들 사회 내에서 스스로 자조 활동을 위한 모임이 생겼으면 좋겠다는 생각을 강하게 한다. 지역별 하나센터에서 주관하는 활동이 있고, 주로 대형교회나 북한 출신 목회자들이 운영하는 교회에서 주일 예배 활동이 있으나 좀 더 체계적이고 조직적인 탈북민 중심 활동 기관이 생겼으면 좋겠다. 그럴 만한 여건은 되지 않았나 싶다.

이런 일은 그들 사회 나름의 리더와 뜻을 같이하는 헌신적인 그룹이 함께 이끌어 가야 한다. 쉽지 않은 일이지만 그렇다고 꼭 어려운 일만은 아니다. 벌써 탈북민 출신 국회의원이 4명이나 배출되었고, 언론계, 학교, 기업인 등 다양한 분야에서 실력을 갖춘 인재들이 나왔다.

그들이 머리를 맞대고 탈북민 사회의 나아갈 방향을 연구하고, 지난 족적을 되돌아보며 자성의 시간도 가지고, 발전적인 진로도 그려보면 얼마나 좋을까. 국회의원의 역할이 입법 활동에 있긴 하지만 탈북민 국회의원은 그 이상의 대표성이 있다. 그들이 남한 사회의 제도에 통달해 입법에만 헌신하기보다는 남북 관계의 개선과 탈북민 사회의 발전을 위해 활동할 때 더 큰 효능감이 있지 않을까.

이런 이야기를 몇 분의 탈북민을 만나 한 적이 있다. 뜻을 같이하는 몇 사람이 모이면, 개인적으로 사무실과 근무자 경비 등을 지원하겠다는 구체적인 실행방안까지 덧붙여서 말이다. 내가 나설 일은 아니지만 그래도 출발점은 되지 않을까 해서다.

탈북민들의 가장 큰 불만은 남한 사회가 자기들에게 편견과 배제가 심하다는 것이다. 남한 사회가 그들을 포용하지 않는다는 것이다. 그 주장은 일부는 맞지만, 일부는 맞지 않다.

사회적 약자에 대한 배려가 부족하다거나 다름과 차이를 인정하고 그 사실을 수용하는 자세가 필요하다는 주장에는 수긍이 간다. 분단의 아픔과 6.25 전쟁을 겪으면서 공산주의 체제에 대한 혐오감은 당연히 클 수밖에 없다. 늘 전쟁의 위협과 함께 살아온 세월이었다. 그러니 우리가 어찌 북한에 대한 감정이 없을 수 있겠는가. 그 감정이 때로는 편견으로 나타나는 것이다. 그래서 북한과 탈북민에 대한 인식을 다시 재정립해야 한다. 강자의 입장에서 약자에 대한 관용은 반드시 필요한 일이다. 그래야 세상은 균형을 이루며 평화를 보장할 수 있으니까.

한편으로 냉정히 생각할 면도 대단히 많다. 탈북민이 남한에 오면 그 순간부터 대한민국의 시민이다. 어느 일정 기간은 적응 기간으로 도움이 필요하겠지만 그 도움은 한시적이어야 한다. 그리고 일종의 특권은 더더욱 아니다. 그동안 정치적 선전을 위한 과잉 친절은 수혜자에게 보상으로 인식되기도 했다. 그러나 타인에 대한 의존은 자립 의지를 약하게 만든다.

탈북민들에게만 적용되는 이야기가 아니다. 누구든 자립하지 않고 타인에게 의지해서는 제대로 살 수가 없다. 빨리 남한 사람으로 동화하지 못하면 계속 주변인으로 머물게 되고, 고립되고, 외로울 수밖에 없다.

스스로 외로움을 극복하는 노력이 절대적으로 요구된다. 개인의 힘으로 실현하기 어려우면 구성원이 힘을 합쳐야 한다. 최근 들어 여러 사회봉사 모임이 활발히 전개되고 있음은 환영할 만한 현상이다.

그들의 미래는 늘 불안하다

탈북민을 괴롭히는 또 다른 문제는 '미래에의 불안'이다. 그들은 늘 내일은 어떻게 될지 불안해하며 산다.

그들을 불안하게 만드는 가장 큰 요인은 '경제적 요인'이다. 당연하다. 이곳은 자본주의 사회다. 가난은 개인이 열심히 노력하면 극복할 수도 있지만, 자유 경쟁사회에서는 대물림의 소지도 다분히 있다. 지금 자신의 능력에 대한 믿음이 부족하거나 앞으로 본인이 원하는 삶을 살 수 있을지 자신이 없으면 불안해진다.

가뜩이나 먹고 살기 힘든데, 일부 탈북민은 북한에 두고 온 가족에게 송금할 돈도 필요하다. 북한에서는 남한에서 송금을 받는 가족이 잘사는 축에 속한다는 말도 있다. 아주 오래전에는 연변과 러시아에 거주하는 가족의 도움이 컸고, 그 이후에는 재일동포 송금이 많았다.

대한민국도 그런 때가 있었다. 제주도와 경상남도 같은 지역에 살던 재일동포 출신 가족들에게는 일본에 있는 친척이 보내주는 돈이 생계를 유지하는 데 큰 도움이 되었다. 심지어 일본에서 크게 성공한 재벌이 자신의 고향마을 전체에 혜택을 주었다는 이야기도 있다.

가정과 친인척의 부실도 탈북민의 미래를 불안하게 하는 요인이다. 노년에 기댈 가족이 없거나 있어도 돈독하지 못하다. 남한에서도 예전과 같은 대가족 제도의 풍습이 많이 사라지고 핵가족 시대에 이르렀지만 그래도 기본 핵심 가족은 존재하고 마음의 고향도 있다. 하지만 탈북민들은 언제 고향에 돌아갈지 확신이 없다.

건강 문제도 중요하다. 기본 체력이 튼튼하지 못하고 젊은 시절 내상을 많이 받아 지병도 많다. 노후에 누가 돌봐 줄 건가 하는 걱정도 만만치 않다. 사실 진지한 심리상담도 필요하고 서로 믿고 의지하며 살아가는 생활공동체가 필요해 보인다.

탈북 청소년은 '정신적 고아'이다

탈북민이 공통으로 겪는 '깊은 열등감', '외로움', '미래에의 불안' 외에 탈북 청소년들이 남한에서 생활하면서 겪는 또 다른 어려움이 있다.

그들은 '살아온 연륜에 비해 너무나 긴 여정'을 걸어왔다. 또한 부모가 있던, 없던 '정신적 고아'나 마찬가지이다.

고작 20세 정도밖에 안 되는 탈북 청소년의 생애를 보면 참으로 안타깝다. 태아일 때부터 영양이 부족해 허약하고, 어렸을 때 가정이 파탄이 나거나 가족과 이별을 겪는다. 살기 위해 중국으로 피신했다 탈출하는 등 남한의 또래 청년과는 비교할 수도 없는 험난한 인생을 살았다. 각자 한편의 드라마를 쓰고도 남을 정도의 파란만장한 여정이었고, 그만큼 깊은 정신적 트라우마를 갖고 있다.

그들은 대부분 엄마의 도움으로 남한에 왔거나 아니면 단신으로 와서 이곳에서 살고 있다. 엄마가 있다 해도 남한 생활에 별 도움이 안 되고, 혼자 입국한 청소년들은 천하에 고아다. 어린 나이에 가족의 파탄, 감금, 사건 사고 등을 직접 목격하고 경험하고, 친척 집에서 눈칫밥을 먹거나 꽃제비로 유랑하며 힘들게 산 그들이 정신적으로 피폐할 수밖에 없는 것은 당연하다. 남한에서의 생활도 역시 그들에게는 지금껏 살아온 힘겨운 여정의 연장선상일 뿐이다.

그들에게는 남한 입국과 동시에 그들의 현실적인 능력에 맞추어 일정한 삶의 길을 걸어갈 수 있는 세심한 프로그램(career path program)이 필요하다. 예를 들면, 평양에서 특수교육을 받아 수학능력이 있는 청소년들은 이곳에서도 더 공부할 수 있도록 지도하고, 교육을 받은 경험이 거의 없는 대부분의 청소년들에게는 개별적이고 단계적인 진로(career path)를 설정해야 한다. 즉, 전문대학을 가거나 기술인 양성과정을 밟도록 해 그들이 감당할 수 있는 길을 열어 줌으로써 남한 사회에 자연스럽게 정착할 수 있도록 지원해야 한다.

지난날, 우리 사회는 탈북 청소년들을 위해 많은 비용과 인력을 투입했다. 하지만 이들에게 제공된 혜택은 대학 입학 특례 제도와 교육비 전액 무상 제공이었다. 결과적으로 이들은 남한에서도 온탕과 냉탕을 오가야 했다.

그들은 온전히 자기의 길을 선택할 수 있는 변별력이 없다. 그래서 무턱대고 대학에 진학하고 고난의 숲에서 허덕이게 되는 것이다. 세월이 가면서 최근에 입국하는 청년들은 그래도 선배들의 길을 본보기로 삼아 대학에 진학할 때 취업이 가능한 실용적인 학과를 선택하는 지혜가 생기고 있다. 정책의 힘은 참으로 무섭다. 그들의 특성을 온전히 파악하고 오직 그들의 입장에서 어떤 정책을 만드느냐에 따라 그들이 큰 도움을 받을 수도, 아무 도움을 받지 못할 수도 있다.

정책 당국의 현명함이 중요하지만, 그들에게 형제자매가 있고 친인척이 있었다면 진로를 설정하는 데 큰 도움이 되었을 것이다. 오직 하나뿐인 엄마는 단순히 우리 아이가 일류대학에 입학하는 모습을 보고 환호한다. 남한에 온 보람을 느끼며 쾌재를 부른다. 그 뒤에 어떤 함정이 있는지는 알지 못한다.

탈북 청소년들을 지원하는 또 하나의 중요한 축은 '대안학교'였다. 학령기를 초과한 18세 이상 탈북 청소년은 사실상 공립학교에서 중·고등 과정을 밟을 수가 없어 모두가 대안학교의 도움을 받았다. 대안학교들은 경쟁적으로 학생들을 유치했고, 탈북 청소년 교육의 메카로 불리며 혁혁한 기여(?)를 했다고 소문난 학교도 있다. 올해는 몇 명의 학생이 졸업하였고, 어느 대학에 입학했다는 발표는 했지만 어느 학과에 진학하여 대학에서 얼마나 성공적으로 공부하고, 어떤 분야에 진출하였는지는 모른다. 어느 누구의 관심도 없는 듯하다.

적어도 대안학교 자신들만은 알아야 한다. 진정으로 그들을 위한다면 분석을 하고 방향을 수정하며 그들의 장래를 제대로 인도해야 한다. 오직 그 결과는 당사자만이 안고 있는 고민이다.

대학원 진학도 수두룩하다. 대학원은 학문에 뜻이 있거나 직장 생활을 일정 기간 하다가 더 공부해 부족한 부분을 채우고 싶을 때 진학하는 것이 바람직하다고 생각한다. 하지만 탈북 청소년들은 대학을 마치고 바로 대학원에 진학하는 경우가 많다. 아마 상담 지도교수의 조언이 크게 작용했을 것이다.

하지만 대학원을 졸업하면 안 되던 취직이 될까? 애초부터 전공이 잘못되었고 실력도 그만그만한데 대학원을 졸업했다고 취업 문이 활짝 열릴 일은 별로 없다. 탈북 청소년들은 스스로 진로를 설계하고 결정하기 어렵다. 그럼에도 책임의 주체가 되어야 할 정부와 부모는 한발 물러서 있고, 대안학교에 모든 부담을 떠넘겨 그들이 여전히 방황하고 있다고 하면 과장일까? 마음이 답답하다.

그래서 나는 탈북 청소년들을 부모가 있든, 없든 '정신적 고아'라고 정의한다. 우리 사회가 좀 더 진지하게, 우리의 편익이 아닌, 그들의 입장에서 진실로 도움이 되는 사회적 책임감을 가졌으면 좋겠다. 근본적인 해결이 안 되면 계속해서 그들은 시행착오를 겪게 된다. 처음부터 그들이 소박하게 자신들의 능력에 맞추어 자신의 몸에 맞는 옷을 입고

이 사회의 어느 톱니바퀴에 끼어들었다면 20년이 지난 지금은 중산층 가정을 이루고 있을 것이고, 뒤에 들어오는 후진들에게 열린 길을 제시해 줄 수 있었을 거란 아쉬움이 늘 있다.

해솔학교는 10여 년 동안 전문 기술·기능인을 양성하고, 중국 출생 청년들의 한국어 교육과 진로를 지도하는 데 집중했다. 최근에는 영역을 넓혀 대학생들을 대상으로 '재활 프로그램(career path rehablilitation program)'을 진행하고 있다. 문과 계통 재학생을 이과 계열로 진로를 수정하거나, 이과 계열에서 허우적거리는 재학생을 집중적으로 관리해 완성도를 높이는 지원 프로그램이다.

문과 계통을 졸업한 학생들이 이과 계통으로 재입학해 새로운 길을 모색하는 것은 어떤 면에서 명쾌하다. 재활 프로그램을 통해 미디어 방송과 출신이 폴리텍 대학에 입학해 항해사로 진출하거나 정치외교학과 출신이 간호학과에 재입학하고, 미술대 출신이 물리치료사로 진출하는 등 사례는 다양하다. 한번 실패를 겪은 사람들이 새로운 대안을 선택하는 것은 마치 하늘을 나는 것처럼 기분 좋고, 희망적인 일임이 분명하다.

'제발 이민왔다고 생각하라'고 하는 이유

"왜 그들은 죽음의 사선을 넘어 이 땅에 와서 열심히 일해서 잘 살지 못할까요?"

내가 남한 사람들로부터 자주 듣는 질문이다. 개개인의 차이가 있겠지만 전체적으로 보면 그들 잘못이 아니다. 남과 북은 이미 너무나 떨어져 있는 별개의 세상이다. 이 간극을 좁히려면 이 사회의 밑바닥에서부터 한 발자국씩 걸어야 한다. 내 세대에서 가능하지 않을지도 모르지만 그 밖에는 대안이 없다.

사회복지대학원에서 공부하면서 배운 질적 연구 과정에서 인터뷰한 탈북민들 다수의 생애사 연구와 해솔학교 학생에게는 거의 필수 과정인 생애사 기술을 종합해 보면 탈북민의 사회학적인 유형을 발견할 수 있다.

탈북 여성의 삶은 대체로 세 시기로 나뉜다. 북한에서의 생활, 중국에서의 체류, 그리고 남한에서의 정착 과정이다. 북한과 중국에서 겪었던 파란만장한 드라마는 남한에서도 이어진다.

어쩌면 우리는 그들의 생애를 알지 못하거나 전혀 이해하지 못한다고 할 수 있다. 오히려 북한 사람은 속이 빨간색이며 호전적이고 가난하고 무식하다는 선입관을 갖는 사람들이 많다. 그러한 선입관이 탈북민들이 남한에서 정착하는 데 직·간접적으로 영향을 줄 수도 있을 것이다.

하지만 탈북민 스스로 돌아봐야 할 점도 분명히 있다. 나는 자주 그들에게 우리가 미국으로 이민 가는 이야기를 들려준다. 이들의 남한 입국과 우리가 가는 이민은 아주 유사한 모양이지만 본질적으로 두 가지 측면에서 다르다.

우선 신분과 대우에서 차이가 난다. 이민은 내 나라를 떠나서 엄한 심사를 받고 일종의 '을'의 입장에서 새로운 삶을 개척하겠다는 각오로 남의 나라 국적을 취득하는 일이고, 남한 입국은 자국민으로서 권리와 신분이 보장되며 당당하게 생활할 수 있다.

둘째는 언어의 차이이다. 이민을 갔을 때는 상대방이 심한 모욕을 주는 말을 해도 못 알아듣거나, 조금 알아듣더라도 모른 체하며 참아야 한다. 어지간한 굴욕은 참을 수밖에 없다. 한국에서는 다르다. 같은 언어를 쓰다 보니 탈북민은 상대방의 사소한 핀잔이나 무시하는 듯한 얼굴 인상마저 참지 못하고 차별한다고 한다.

나의 개인적인 생각이지만 이 두 가지 차이에 더해 '탈북민의 오염된 사고방식' 도 그들의 삶을 힘들게 만든다. 월남 귀순자 시절부터 오랫동안 이어져 온 관행 때문에, 일부 탈북민은 정치적, 사회적 이유로 특별한 우대와 보상을 받아야 한다는 생각을 가지고 있는 것 같다. 일종의 특권 기대 심리이다.

시대적으로 충분히 우대를 할 이유는 있고, 그것이 나쁜 것도 아니다. 그러나 탈북민이 대거 입국하면서 그들에 대한 대우가 아무래도 예전 같을 수 없다. 따뜻한 마음과 다양한 정착 지원은 필수적이지만, 일정 기간이 지나면 그들은 이제 남한 사회의 일원이다. 그들은 가능한 빠른 기간 내에 남한 사회에 스며들어야 한다. 남한 사람들과 똑같은 대우를 받고, 똑같은 경쟁을 하면서 자기의 삶을 꾸려 나가는 자세를 가져야 한다.

그러나 남한 사회는 여전히 북한을 의식해 탈북민들에게 정치적 의미를 부여하고 있다. 탈북민들 역시 스스로 책임지려는 의지가 약하고, 어딘가 믿는 면이 있는 것 같기도 하다. 이러한 흐름이 지속되면 영원히 그들은 남한 사회에서 안정적으로 정착하기 어려울 것이다.

이민은 자기 세대는 오직 열심히 돈을 벌고 자식 교육에 전념하여 내 당대에는 희생하지만 다음 세대가 그 사회에서 동등한 사회적 지위를 얻게 하는 노력이다. 상대적으로 위험한 업종에서도 이민 세대는 밤낮을 열심히 일하면서 자녀 교육에 모든 운명을 건다. 차세대를 위해 희생하지 않으면 노년이 되어 본인도 어렵고 자녀들도 부모를 돌볼 여력이 생기지 않는다. 다시 말해 희망이 없는 것이다. 탈북민이 이민 왔다고 생각하고 가정을 지키려고 노력하면 좋겠다는 안타까움이 늘 내 마음속에 있다.

그럼에도 불구하고 나는 여전히 탈북민 편이다. 탈북민의 남한 사회생활은 구조적으로 힘들 수밖에 없으니까 말이다.

먼저 온 통일,
통일 연습 역군의 실체

우리는 탈북민들을 '먼저 온 통일', '통일선봉대'라고 부르며 환영한다. 정부 고위 관료나 국회의원들이 탈북민 관련 행사나 통일 세미나에 참석하여 축사를 할 때도 이 단어는 빠지지 않는 단골 용어다.

우선 이 용어는 우리 입장에서 그들을 본 표현이다. 힘들고 위험한 과정을 극복하고 남한에까지 온 그들이 반갑고 대견스러운 마음이 드는 것은 당연하다.

정치적, 사회적 측면에서 봐도 이 용어는 매우 적절하고 의미가 있다고 생각한다. 대화보다는 갈등과 위협으로 불안했던 시간이 더 길었던 분단의 시대에 대한민국의 승리를 묘사한 것 같다. 소문으로만 듣던 북한 동포들이 대거 남한으로 들어오는 모습을 보면서 마치 체제 우위를 확인하는 것 같기도 하고, 곧 통일이 될 것 같은 생각도 들게 한다. '먼저 온 통일'이라는 말 그대로 통일이 온 듯하고, 훗날 통일의 시간이 오면 이 사람들이 '통일선봉대'가 되어 남북사회를 통합하는 데 큰 역할을 할 수 있을 것으로 기대되기도 한다.

통일 연습, 절반의 성공

탈북민을 맞이하는 우리 사회의 마음은 열려있고 따뜻하다. 그들의 힘들었던 지난 세월 이야기를 들으며 눈물을 흘렸고, 남아 있는 북한 동포들의 건강과 안위를 염려하는 마음도 크다.

실제 그들의 안정적 정착을 위해 제도적인 안전장치도 마련하고 재정적 지출도 마다하지 않았다. 임대 주택 제공, 상당한 정착 지원금, 건강과 사회보장 관련 혜택, 교육 기회 제공, 신변 보호 도우미 제도를 포함한 광범위한 공적 뒷받침이 있다. 거기에 더해 종교 단체를 중심으로 한 민간인 차원의 도움도 대단히 활발하다. 주말이면 예배에 참석하며 신앙생활을 즐길 수 있으며 성도들의 따뜻한 환영과 위로가 넘친다.

북한에서 실제 상당 기간을 살았고, 2004년 가을부터 지금까지 탈북민들과 함께 한 나의 경험과 시각에서 보면 그들을 위한 남한 사회의 노력은 양적으로는 부족함이 없었다고 생각한다. 우리 사회의 어떤 소외된 계층이나 노령층을 위한 배려보다 집중적이고 지속적이었다. 때로는 역차별이라고 할 부분이 보이기도 하다.

그렇다면 이런 노력은 지금 어느 정도 결실을 맺었을까? 매사가 그렇지만 단순하게 '성공이다 실패다'라고 할 수는 없다. 그래도 평가한다면 절반의 성공쯤으로 이야기하고 싶다. 들인 노력에 비해 결과가 만족스럽지 못하고 좀 더 개선해야 할 부분도 많이 보인다.

탈북민과의 만남을 '통일 연습'이라고 표현한 것은 대단히 적절하다. 통일 연습은 30여 년 가까이 지속되고, 지금은 소강상태다. 이 상태에서 지난 연습을 분석하고 더 나은 길을 모색하는 시간이 있으면 좋겠다. 아니 반드시 있어야 한다. 왜냐하면 우리는 이미 많은 연습 비용을 지출했기 때문이다.

지난 세월의 통일 연습이 절반의 실패라고 한다면, 그 절반의 실패 중 절반의 책임은 우리 사회에 있고, 나머지 절반의 책임은 탈북민 사회에 있다고 본다. 어쩌면 세상은 강자의 영향력이 더 크기 때문에 우리 사회 책임이 조금 더 클 수도 있을 것 같다.

우선 통일 연습은 본질적으로 대단히 어려운 문제임을 이번 기회를 통해 통렬히 깨달아야 한다. 왜냐하면 지난 80여 년의 세월 동안 남과 북은 이미 너무나 멀어져 버려 이질성을 극복하기 어렵기 때문이다. 경제력 하나만 보더라도 1945년~1974년까지는 큰 차이는 아니지만 오히려 북한이 우위였다. 하지만 이후 남한 사회는 '한강의 기적'을 이루면서 선진국으로 도약했고, 북한은 '고난의 행군'을 하면서 퇴보했다. 너무 차이가 커서 어떤 사람들은 '지금은 동족의 DNA가 바뀌는 과정'이라고 표현하기도 한다.

그렇지만 남한 사회가 모든 면에서 우위이고 착한 것만은 아니다. 우리 사회가 안고 있는 위험한 요소들도 참 많다. 통일 연습 과정에서 우리가 안고 있는 많은 단점을 발견하고 인정하고 노력해야 향후 우리 사회 자체가 몰락하는 것을 막을 수 있다. 지난 반세기의 약진은 우리를 깊은 오만의 세계로 몰아넣은 느낌이다. 벼락부자가 얻은 천민자본주의라고 표현하면 지나친 말일까.

겸손하지 않으면 자신을 바로 보지 못한다. 남이 주는 충고의 의미마저 인정하지 않는다. 탈북민들의 성공적인 안정적 정착이 우리 사회의 통일 밑거름이 된다는 사실에 주목하지 않는다. 그들이 이곳에서 불행하면 누가 남한으로 오겠다고 하겠는가. 누가 남한 체제를 옹호하겠는가.

통일이 되면 남한 내 아직도 뿌리 깊은 '빨갱이 집단', '탈북민', '색깔이 같은 북한 인민 세력'이 합쳐져서 우리 사회를 붉은색으로 물들일 수 있다며 통일을 우려하는 주장도 만만치 않다. 그러나 이러한 우려에는 상대방을 하나의 집단으로 단순화하고 무시하는 인식이 담겨 있다. 남한 내 '빨갱이'나 '간첩 조직'은 현실적으로 존재하기 힘든 허명이며, 그들도 잘 살고, 자유민주주의를 이루고 싶어 한다. 남남 갈등의 심화는 정치적 입장을 달리할 수는 있지만 적어도 통일과 남북 만남의 문제에서는 입장을 좁히는 노력이 필요하다.

이용하지 말고 지원해야 한다

통일 연습이 절반의 성공에 머문 데는 우리 사회의 성숙도가 아직은 북한 동포들을 적절한 수준으로 포용하기에는 역부족인 탓도 있다. 북한을 증오하는 현상이 탈북민을 바라보는 시각에 일부 반영되고, 그들로 하여금 자신들을 무시하거나 차별한다는 생각을 가지게 했을 수도 있다. 그런 면에서 독일이 통일될 때 서독 국민이 보여주었던 포용력과 자신감이 남한 사람들에게도 있으면 좋겠다.

우선 우리는 탈북민을 정치적, 사회적으로 지나치게 이용하는 경향이 있다. 가만히 있다가 어느 한 가정이 자살하는 사건이라도 발생하면 갑자기 정치권에서 들고 일어나고, 인권을 부르짖는 민간단체에서 사회적 문제로 확대하기도 한다. 일이 터지기 전에 자신들이 행한 노력은 무엇인지 돌아보지도 않으면서 목소리만 높이는 것처럼 보인다.

탈북민들은 주로 정치색이 있는 집회에 초청되는 경향이 있다. 그들도 이미 알고 있다. 왜 초청하는지를. 필요해서 부르는 것이라면 보상을 받고 싶은 생각이 생기는 것은 당연한 수순이다.

탈북민들은 수없이 많은 인터뷰 요청을 받기도 한다. 인터뷰에 응하면 그들의 생애사를 생생하게, 때로는 과장되게 반복적으로 이야기를 해야 한다. 그들이 얼마나 심하게 인권을 유린당했는지 폭로해야 한다. 그들을 인터뷰하는 이유는 북한의 인권침해 실정을 만방에 알려 국제적으로 고립시키고, 경제 제재를 함으로써 북한을 압박한다는 전략 때문이다.

미국 의회, 유엔, 국제 방송, 국내 방송사에서 그들을 인터뷰하고, 심지어 오락성 프로그램에서도 그들을 출연시킨다. 이런 방송을 잘하면 국회의원이 될 수도 있고, 해외여행을 갈 수도 있다. 출연료도 상당하다.

선거철이 되면 그들의 주가가 더 오른다. 통일 연습이 정치색으로 칠해지는 경우인데, 선거철에 이용당하면서 탈북민이 대단한 일을 하는 것 같은 착각에 빠지게 하기도 한다. 하지만 그 길은 그들의 생계를 보장하는 안정적인 길이 아니다.

탈북민을 이용만 하는 것은 아니다. 통일운동은 분단과 더불어 시작되어 80여 년의 역사를 지니는데, 그동안 많은 크고 작은 단체들이 다양한 방법으로 탈북민을 도왔다. 한국자유총연맹을 시작으로 민주평화통일자문회의와 같은 거국적인 조직도 있지만 통일 교육단체, 인권단체, 시민운동 기관 등 오래된 기관들이 대단히 많다.

탈북민들의 대거 입국과 더불어 중국 등지에서 북한 동포들의 탈출을 도운 활동가들도 많다. 또한 청소년 교육을 담당하는 크고 작은 대안학교와 아동보호기관들이 있다. 이러한 단체들은 흔히 NGO(Non Governmental Organization) 단체라고 부른다.

정부기관에서 소화하지 못하는 세부적인 지원활동은 사실상 NGO의 몫이다. 그 역할의 중요성은 아무리 강조해도 지나침이 없다. 특히 청소년 대안학교의 역할과 비중은 대단히 높고 중요하다. 일부 학교는 해당 정부기관을 넘어서는 영향력을 행사하는 기관도 있다.

NGO 단체나 민간단체의 역할과 활동공간이 넓은 데 비해 그들이 가지는 치명적인 부족함도 많다. 바로 기관의 영세성과 재정적 어려움이다. 종사하는 구성원들은 의욕은 많지만 총알이 부족하다. 태생적으로 안고 있는 특성이다. 웬만한 사명감과 가난을 감수하지 않으면 오래 몸담기 쉽지 않다. 통일선봉대를 상대로 하는 민간단체도 예외는 아니어서 때로는 단체의 존속 자체가 위협을 받는 경우도 있다. 그러다 보면 결국은 고객 위주의 서비스보다는 자신의 생존을 위한 행사를 하게 되기도 한다.

탈북민처럼 집단 전체가 취약한 상황에 놓여 있다면, 그 지원은 단순한 일회성 프로그램이 되어서는 안 된다. 장기적이고 전문적이며, 지속적으로 비용을 투입할 수 있는 체계적인 지원이 필요하다. 이를 위해서는 프로그램에 종사하는 사람들에게도 철학적 신념이나 깊은 책임감, 종교적 깨달음을 통해 자기희생을 감수할 만큼의 강한 의지가 뒷받침되어야 한다. 그래야 길이 보인다. 진정 그들을 위한 프로그램이 어떻게 진행되어야 하는지 말이다.

그래서 우리는 NGO 단체나 민간 자발적 봉사단체가 갖는 구조적 한계를 분명히 인식할 필요가 있다. 탈북민 지원은 장기적·전문적 접근과 안정적인 재정이 필요한 분야이기 때문이다. 그러나 우리 사회는 아직 이러한 기반이 충분히 성숙하지 못한 상태다. 다시 말해, 관련 단체에 대한 사회적 신뢰가 높아지고, 비록 충분하지는 않더라도 지속 가능한 재정이 확보되어야만 비로소 '절반의 성공'이라도 기대할 수 있다.

이러한 기반이 마련되어야 종사자들이 진정으로 탈북민을 위한 계획을 세우고 실행할 수 있다. 하지만 현실에서는 탈북 청소년을 위한 대표적인 대안학교들이 재정적 압박을 피하기 위해 본래의 취지대로 대안 교육기관으로 존속하기보다 교육청의 재정 지원을 받기 위해 정규 인가학교로 전환하기도 한다. 교육 당국의 반대가 있었음에도 이런 선택을 한 것이 과연 학생들을 위한 최선의 결정이었는지 회의적이다.

봉사자들의 희생, 당연한 것이 아니다

지난 20년 넘는 탈북민을 위한 봉사를 하면서 가장 힘들었던 일 중 하나가 '동역자들에 대한 처우 문제'였다. 나는 30여 년 동안 대기업에 근무하면서 일정한 수입을 보장받고 가정도 꾸리고 살다 은퇴 후 자발적으로 이 길을 택했다. 하지만 NGO 단체에 근무하는 젊은 사람들은 어떻게 살아가는지 염려될 때가 많다.

학교 운영비를 조달하는 데 있어서 가장 힘든 부분은 인건비 확보다. 특히나 NGO 활동은 사람이 하는 일이며 비영리단체다. 제조업이 아니지 않는가. 일반적으로 전체 예산의 최소 30~40% 이상을 인건비가 차지한다. 그것도 나의 표현으로는 '쥐꼬리만큼'의 급여를 주는 데도 말이다. 그 월급으로 아이 교육도 시켜야 하고, 저축하여 집 장만도 해야 하는데 도저히 계산이 나오지 않는다. 우리 학교 학생이 제대로 학업을 마치고 취직을 하면 바로 선생님 급여 수준을 넘어선다. 생각할 때마다 젊은 동료들 보기가 안타깝다.

그래서 나의 제일 큰 임무는 개인 후원자 발굴이다. 개인 후원은 월 1만 원이라 해도 온전히 인건비로 사용할 수 있기 때문이다. 물론 그 부분을 설립자인 내가 법인카드로 빵을 살 수도 있지만 그건 오로지 양심의 문제다. 원칙을 쉽게 깨고, 절제할 줄 모르면서 사회봉사 활동을 하면 안 된다.

정부와 지자체 보조금 지원, 복지재단의 프로그램 지원금에는 전체 지원금 중 10~15% 수준에서만 인건비를 할애한다. 한 사람 인건비 3천만 원을 조달하려면 3억 원을 지원받아야 가능하다. 이게 쉬운 일이겠는가. 자금을 지원받으려면 프로그램을 위한 프로그램도 만들어야 하고, 아니면 이제는 가능하지도 않지만 편법 회계를 낳게 된다. 그래서 나에게는 개인 후원자는 내가 섬겨야 할 하늘이요, 전부다. 때로 다음 년도 예산 수입이 확실하게 준비가 안 되면 직원들이 건의하기도 한다. '임금 인상은 차치하고 일부 삭감을 하되 감원은 피했으면 좋겠다'고. 그 말을 들으면 가슴이 미어진다. 배낭을 다시 짊어진다. 돈 구하러…….

정부기관과 후원단체 지원 프로그램이 인건비를 제한하는 제도는 수혜 단체에 대한 불신이 주원인이 아닌가 생각된다. 오랜 관행을 벗어나려는 발상의 전환은 아예 하지 않는다. 이 지구상의 경쟁이 아니라 우주 경쟁이 치열하고 인공지능이 하루가 다르게 인간의 일을 대체하고 있는 이 변화무쌍한 시대에 그들의 자세는 전혀 변하지 않는다. 그렇게 지원받는 단체들이 못 미더울까.

혹시라도 반기를 들면 후속 조치가 무섭다. 방법은 얼마든지 있다. 문제가 제기되면 바꾸는 노력이 필요하다. 얼마나 많이, 얼마나 오랫동안 수혜 기관들이 고통 받고 있는 문제인가. 그래서 우리 모두 성숙해야 한다. 많은 이 사회의 부조리랄까, 미성숙한 수레바퀴가 돌고 있으면 연쇄적으로 부작용을 낳아서 외양으로는 많은 비용과 투자를 하면서도 생산성은 떨어지고 신뢰 사회가 만들어지지 않는다.

통일 관련 세미나의 한계

예전에는 탈북 청소년 교육 문제를 주제로 한 세미나와 컨퍼런스가 자주 있었다. 최근에는 더 이상 그들에 관한 주제가 관심이 없어졌고 사실상 입국 감소로 대상자도 줄어들었다. 통일문제와 북한 주민의 인권,

남남 갈등 심화 등을 다루는 학계 연구와 발표가 계속 생산되고 있어 틈나는 대로 자료를 읽고 있다. 통일연구원, 통일과 나눔, 한반도평화연구원 등 많은 기관에서 주재하는 통일 관련 세미나 또는 발표문을 구하며 읽으면서 늘 느끼는 아쉬움이 있다.

세미나 흐름이 다분히 집권 정당의 통일 정책 기조에 맞춘 듯한 내용일 수도 있고 발표자 선정도 맥락을 같이 하는 것처럼 보인다. 발표자의 면면도 크게 변하지 않고 내용도 신선도가 떨어지는 느낌이다. 세미나 운영에 있어서도 발표자와 토론 참여자들은 좌장의 시간 지키기 채근에 쫓기듯 시간을 보내고, 질의응답은 거의 이루어지지 않는다.

발표 내용에 있어서 특징은 주제에 관한 서론과 본론에 대부분 시간이 할애되고, 마무리 부분에서 제시되어야 할 정책적 제안이나 제도 개선, 방향 제시는 슬그머니 사라지거나 거의 남지 않는다는 점이다. 왜 세미나를 여는지, 무슨 실질적 유익함이 있는지, 전체적으로 세미나의 결론은 무엇이며 그 발표가 어떤 울림을 주는지는 그냥 생략인 듯하다.

장황한 현상 분석은 줄이고 본론 위주로 좀 더 본질적인 문제를 내어놓고 비판도 하고 정책 당국이나 정치권을 상대로 강력한 메시지를 던지면서 제도적 변화를 요구하면 안 되는가. 통일이 오면 참고하기 위한 자료 보존용일까. 주최·주관단체는 무엇을 얻으려 개최한 행사일까. 나의 식견이 짧아서일까. 원래 세미나, 컨퍼런스, 토론회라는 것이 그런 건데 나의 기대치가 너무 커서일까. 참석 후 씁쓸한 기분이 들 때가 많다.

이 사회의 변화는 정치인, 행정관료, 학계 교수, 각종 연구원 등 오피니언 리더의 주도로 문제 해결을 추구해야 가능하다. 때로는 질풍노도와 같은 문제 제기가 있어야 하고, 때로는 의사결정권자에게 읍소도 하면서 전향적으로 나아가야 한다. 그냥 자리 지키기에 머물면 그들이 존재하는 의미가 무엇인가.

오피니언 리더에게는 본질적으로 사회를 변화시키라는 책무가 주어진다. 그래서 그들을 존중하는 것이다. 그런 면에서 우리 사회의 성숙도가 아쉽다는 생각을 탈북민 정책을 보면서 하고 있다. 이 작업이 남한 사회의 통일 연습이고 국민과 호흡을 같이 하면서 지금 이 어려운 국내외 여건 속에서도 우리는 북한 사회의 변화를 추동하는 것이다. 할 수 있는 일은 곳곳에 있다. 안 할 따름이다.

절반의 책임은 탈북민에게 있다

탈북민들이 남한 사회에 정착하는 것이 절반의 성공이라면 절반의 실패 책임 중 반은 우리 사회에, 나머지 반은 탈북민 사회에 있다고 본다. 적어도 나는 그렇게 생각한다. 앞에서 소개한 주승현의 저서, 『조난자』를 보면 본인이 탈북민으로서 이곳에 와서 남한 사회 정착 실태를 비교적 공정하게 그리고 성실하게 연구한 내용이 수록되어 있다. 그러면서 그의 결론은 탈북민은 이 사회에서도, 저 사회에서도 안착할 수 없는 제3지대에서 머무는 조난자 입장이라는 선언이다.

이 책이 마음에 드는 이유는 우선 저자가 실제 예로 서술하는 내용이 비교적 사실에 근거하기 때문이다. 그리고 그들의 입장을 비교적 담담하게 대변하고 있다. 그럼에도 불구하고 역시 '가재는 게 편'이라 탈북민의 억울한 입장을 좀 더 강조하는 듯하다. 저자는 남한 사회가 자기들에게 배타적이고, 편견을 가지고, 불공정하다고 말한다. 여기에는 저자도 탈북민 사회의 치명적 부족함을 냉철하게 인정하지 않는 입장이 내재되어 있다. 알더라도 자기반성의 이야기를 솔직하게 터놓기는 쉽지 않을지도 모르는 일이다.

앞에서 누누이 이야기했지만, 남한 사람들은 탈북민을 제대로 이해하지 못하고 있다. 그들의 실체적 모습을 파악하기는 실제로 불가능하다. 그냥 피상적으로 알고 있을 뿐이다. 그래서 그들을 위한 적절한 정책적 배려와 일상의 지원도 단선적으로 이루어지는 것이다.

반면 탈북민들은 남한 사회가 자신들을 어떻게 바라보는지 비교적 쉽게, 그것도 본능적으로 알아차린다. 말하자면 '눈치로' 감지한다는 것이다. 그 과정에서 이용당하는 대가로 자신들 역시 편익을 얻어야 한다고 생각하게 될 수도 있다. 그러나 남한 사회는 일정 기간 의식주 지원 이후에는 자립하여야 한다는 원칙을 분명히 전달하지 못했고, 그 결과 탈북민들 또한 일상화된 지원을 계속 받아야 한다는 인식을 갖게 된 측면이 있다.

북한의 동포들 역시 대한민국 국민이라는 헌법 원칙에 따라 이곳에 오면 당연히 국민으로서의 대우를 받는다. 그러나 그에 상응해 남한 국민과 마찬가지로 일하고 세금을 내며 각자 자립해야 한다는 의식은 아직 부족해 보인다.

입국할 때는 통일부의 행정 관할이지만 주민등록번호를 취득한 후에는 대한민국의 국민이다. 다를 게 없다. 오직 남보다 불리한 여건에서 남한 생활을 시작할 따름이다. 이러한 각오가 부족한 듯하다. 그래서 절반의 책임은 탈북민에게 있는 것이다.

특히 취업에 있어서 차별을 받는다는 인식에 대해 아주 세밀하게 서로의 입장을 살펴볼 필요가 있다고 생각한다. 취업을 하려면 경쟁력을 갖추어야 한다. 기업은 자선단체가 아니다. 직원에 따라 기업의 생존 여부가 달려 있다. 고용주는 북한 사람인지 남한 사람인지 구분하지 않고 회사에 도움이 되는 사람을 택할 수밖에 없다. 그래서 면접을 하는 것이다.

영어 토익시험 900점 지원자와 500점 지원자 중 누구를 택할 것인가. 기술 자격증 없는 사람과 3개를 가진 사람 중 누구를 택할까. 사투리 심하게 쓰는 사람을 고객 응대 창구에 배치할 수 있을까. 이것은 차별이나 편견이 아니다. 남한 사람들도 똑같이 선택을 당한다. 그래서 북한 사람은 또 다른 무기를 가지거나 남다른 열성을 가지고 단점을 보완하여야 취업이 가능하다. 동시에 자기에 맞는 직종을 택해야 한다.

이러한 아쉬움이 있음에도 불구하고 나는 여전히 탈북민의 편이다. 그들의 남한 사회생활은 구조적으로 힘들 수밖에 없다. 그러나 계속 편을 들 수만은 없다. 때로는 지적도 하고 때로는 변화를 강요하기도 해야 한다. 그렇다고 순순히 수긍하고 알아서 변할까? 설득한다고 해서 쉽게 설득당하고 이상적인 본연의 자세로 변한다면 이 세상이 얼마나 살기 쉬울까. 참으로 힘든 일이다.

그래서 나는 그들 집단이 스스로 변화를 추구하는 자생적 조직이 생기고 그 자조의 힘으로, 현재 자기들의 모습에서 어떻게 변화하여 이 사회에서 경쟁력을 가지고, 더 나은 내일을 만들어 갈 수 있는지를 고민하고 노력하기를 기대한다. 출발이 어려우나 내재적 능력은 충분히 있다고 본다. 나는 같은 DNA가 가지는 동질성에 크게 놀라는 적이 한두 번이 아니다.

제대로 그들에게 기회가 주어지면 감당하는 능력은 충분하다. 문제는 자신의 현재 본 모습을 바로 보지 못한다는 것이다. 그러면서 과한 욕심을 가지고, 초조하게 남한 사람들과 동일하기를 바라니 힘들 수밖에 없다. 차근차근 적응하고 더 나은 생활은 나의 자녀에게서 기대하며 인내하면 좋겠다.

분명한 것은 스스로가 변해야 한다는 것이다. 언제까지 이 사회의 혜택에 의존할 것인가. 예를 들어 탈북민 숫자가 30만 명이 넘는데, 탈북 청년들에게 지금처럼 특례 입학, 등록금 면제, 거주지 제공이 계속된다면 남한 청소년들이 누가 수능시험을 보려고 하겠는가.

희망은 스스로가 만들어 가는 것이다. 지금, 이 순간 북한에 있으면 겪을 가난과 억압을 생각하면 이곳에서 더 열심히 자립을 위한 노력을 할 수 있을 것이다. 간절하게 자성의 노력을 하기를 기대한다.

탈북민 3만5천 명이 통일 역군이라는 시대적 사명을 감당하려면 먼저 이 사회에서 잘 살아야 한다. 건강하고 일정한 경제적 능력을 가지고 따뜻한 가정을 이루며 자유민주주의 장점을 충분히 누려 행복한 생활을 하여야 한다. 적어도 북한 동포들이 부러워하며 철조망이 거두어지기를 희망해야 통일 역군이 아닐까.

그런데 지금까지 경험한 바로는 쉬운 일이 아님을 모두가 실감하고 있다. 최선을 다한다고 했지만 사회의 역량이 그 수준밖에 안 됨을 자인해야 한다. 그 인정을 기반으로 우리 사회와 탈북민 모두가 변화와 발전을 도모하여야 할 것이다.

정치적 목적으로 탈북민에 접근하지 말고, 진심으로 그들을 위해 무엇을 해야 하는지 고민해야 한다. 국회의원, 정부 고위직에 몇 명을 임명한다고 해서 북한 집단이 동요하거나 북한 주민들이 남한을 동경할까. 이곳에 온 탈북민들이 자기들에 대한 대우라고 생각할까.

인권이란 그들이 이곳에서 잘 사는 데 초점을 맞추어 정책을 결정하고 집행하는 일이며, 북한 동포들에게도 실질적인 도움이 되도록 노력하는 것이 그들의 인권을 보살피는 일이 아닐까. 북한 인민이 얼마나 독재정권 하에서 핍박받고 굶주리는지 이미 온 세상이 다 알고 있다. 유엔에서 북한의 실정을 폭로한다고 해서 전 세계의 다른 나라들이 그들의 실체적 인권신장을 위해 도와주는 일이 무엇일까.

탈북민은 '우리는 남한에 와서도 이등 국민'이라는 자조 섞인 말을 종종 한다. 그들이 출신 성분 때문에 차별 대우를 받는다는 것으로, 이런 불만이 내면적으로 분노가 되어 갈등의 요인이 되기도 한다. 그들을 위한 실체적 진실을 가지고 접근했으면 좋겠다.

우리 사회는 북한에서 온 네 명의 대한민국 국회의원을 배출하였다. 2012년(19대 국회) 비례대표, 2020년(21대 국회) 지역구 출마 당선 1명, 비례대표 1명, 2024년(22대 국회) 비례대표 국회의원이다. 공통점은 모두 보수정당의 추천을 받았다는 점이다. 게다가 지역구 출마의 경우에는 서울에서도 대표적인 보수 강세 지역이라, 사실상 '깃발만 꽂아도 당선되는' 곳으로 알려져 있다.

정치적 성향에 따라 살펴보면, 남북 대립적 정책을 선호해 온 보수정당은 오히려 국회의원직에 탈북민을 적극적으로 배정해 왔다. 반면 남북 대화를 강조해 온 진보정당은 여러 사정이 있어 보이지만, 실제 공천에서는 인색했던 결과를 보인다. 국회의원이 된 탈북민은 경제 전문가, 외교전문가. 인권운동 활동가, 핵 관계 전문가들로 활동한 것으로 알고 있다.

다만 그들이 북한 출신이라는 장점을 살려 입법 활동을 하는 일에는 소홀하지 않았나 하는 아쉬움이 크다. 통일 담론을 대변하는 역할에 머물지 말고, 탈북민이 남한 사회에 정착할 때 겪는 어려움을 돕기 위한 전문적이고 독창적인 입법 활동을 했으면 좋았을 것이다. 그런 뚜렷한 활동과 실적이 있었다면, 오히려 그것이 북한 사회를 자극할 수 있는 가장 실질적인 의미가 되었을 것이다. 동시에 탈북민의 '우리는 이등 국민'이라는 자조의 목소리도 줄일 수 있지 않았을까 싶다.

3.

내가 '해솔학교'에 올인(all-in)하는 이유

해솔학교를 만든 것은 우연이 아니다

많은 분들이 어떻게 해솔학교를 만들게 되었는지를 묻는다. 봉사를 하며 사는 분들은 많다. 주변의 어려운 분들을 성심성의껏 돕는 분들도 많고, 홀로 사는 외로운 어르신을 위해 끼니를 챙겨드리는 분, 365일 달리기를 해 루게릭 전문 병원을 세운 분. 모두 저마다의 의미를 부여하며, 다양한 방식으로 봉사하고 있다.

봉사를 하게 된 계기 또한 다양할 것이다. 우연한 기회에 큰 깨달음을 얻어 시작할 수도 있고, 오랫동안 준비해 시작할 수도 있다.

돌이켜 보면, 내가 탈북 청소년을 위해 해솔학교를 세운 것은 부모님으로부터 받은 타고 난 성정, 중·고등학생 시절 위인전 등을 읽으면서 기름 부음[9] 받은 어린 시절의 꿈, 성인으로서 신앙생활을 통한 영성과 깨달음 그리고 훈련의 결과물인 것 같다. 특히 고등학교 시절 흥사단 산하 '도산 아카데미' 활동을 하면서 도산 안창호 선생님으로부터 받은 가르침은 나의 삶을 관통하는 정신적 토대이다.

거기에 더해 역시 북한에서의 근무와 생활은 직접적인 계기가 되어 탈북 청소년 교육에 종사하게 된 것 같다.

사회복지대학원에서 공부를 시작하다

북한에서 돌아온 후 2003년 11월 은행을 떠날 때까지는 온전히 직장생활에 충실한 시간을 보냈다. 다행히 부행장으로 승진도 하였으나 은행 건전성 확보를 위해 자본금 증자를 해외기관으로부터 유치한다는 명분이 어느새 은행 매각으로 비밀리에 급속도로 진행되어 인수 자격도 없는 '론스타'라는 미국 사모펀드로 경영권이 넘어갔다.

대한민국 수출입 산업을 지원하기 위해 1967년, 한국은행에서 외국환전문은행으로 분사한 한국외환은행은 시대적 사명을 다하고 미흡한 금융 행정의 희생양이 되어 사라져 버렸다.

자본금 증자 대금이 입금되는 날, 동시에 사직을 권유하는 A4 용지를 건네받았다. 역사의 죄인이 된 나는 은행 동료들의 얼굴을 제대로 볼 수 없을 정도로 참담한 신세가 되어 금융인으로의 생을 마감하고 바로 사회복지대학원에 입학하였다. 열심히 책을 읽고 주말에는 봉사 현

---

9 성경에서 나온 표현으로, 왕·선지자·제사장을 세울 때 기름을 부어 선택하고 사명을 부여하는 의식을 말한다. '선택받음', '특별한 사명' 등의 의미로 주로 쓰인다.

장에서 시간을 보냈다. 인생 2막을 준비하는 복지대학원 과정은 아주 신선하게 느껴졌다.

처음 봉사하는 삶을 살겠다고 결심했을 때는 고아원을 만들어 그들을 위해 살려고 했다. 하지만 고아원을 설립하겠다는 계획은 더 이상 고아 시설은 필요 없다는 보건복지부 담당 조언을 상담을 듣고 자연스레 탈북 청소년 대안학교로 방향을 전환했다.

열심히 탈북 청소년들과 생활하며 그들의 생애사 연구를 통해 석사학위 논문도 완성할 수 있었다. 논문 제목도 『북한이탈청소년의 안정적 정착을 위한 생애사 연구』였다.

북한에서 보았던 청소년들을 이 땅에서 다시 만나 함께 생활한다는 것은 감격이었다. 사회복지 공부도 좋았고 청소년과 어울리는 시간은 더더욱 행복이었다.

셋넷학교부터 한누리학교까지, 해솔학교의 뿌리

2004년 말부터 2012년까지 8년의 세월은 2013년에 태동하는 (사)해솔직업사관학교의 회임기간이라고 할 수 있다. 셋넷학교, 남북문화통합교육원, 한누리학교 등 대단히 훌륭한 기관에서 동역자로 일할 수 있었고 많은 것을 배울 수 있었다.

셋넷학교와의 인연은 대학원 2번째 학기 중에 맺어졌다. 2004년 10월 탈북 청소년들을 위한 '셋넷학교'라는 대안학교가 설립된다는 소식을 듣고 자원봉사를 시작하였다. 셋넷학교는 오래전에 내가 공부한 대학 캠퍼스가 있었던 종로구 동숭동 낙산 언덕배기에 둥지를 틀었다.

몇 평 안 되는 좁은 공간이었지만 대학 진학을 원하는 탈북 청소년들로 붐볐다.

탈북 청소년의 입국이 봇물처럼 증가함과 동시에, 그들을 위한 대안학교들도 속속 등장했다. 지금의 여명학교, 하늘꿈학교, 드림학교, 한꿈학교들이 그 시기에 거의 동시에 출발하였다. 이 학교들은 많은 교회들의 재정적 지원으로 운영되었으나 셋넷학교는 단지 열정으로 뭉친 교장과 젊은 영혼들이 빈손으로 시작한 시설이었다. 파티션에 소음방지를 위해 계란 상자로 벽을 도배할 정도로 환경이 열악했다. 안타까운 마음에 운영위원장직을 맡아 재정을 담당하고, 가끔은 선생 자격으로 저녁 시간에 청년들과 함께 소주 파티를 하기도 했다.

셋넷학교는 여느 대안학교와 달리 그들을 위한 진정한 대안교육을 추구한 실험학교였다. '사뿐사뿐, 뚜벅뚜벅' 이 세상을 당당히 나아가기 위한 인성교육과 예술적 감성을 가미한 창의적 교육을 표방하였다. 매년 남과 북의 분단 비극을 몸짓으로 표현하는 창작극과 마임극을 연출하였다. 베를린 장벽 광장에서, 베트남에서, 네팔에서, 인사동 골목에서, 대학 강당에서 때로는 북한 청년 스스로가 중심이 되어, 때로는 남한의 대학생들과 함께 공연하였다.

그러나 우리의 통일 몸짓은 대학 진학에 올인하는 현실 앞에서 빛을 발하기 어려웠다. 일류대학을 졸업한 후 청소년 학교 밖 교육에 뜻을 둔 열혈 청년 박상영 교장도 진정한 대안교육의 꿈을 이루지 못하고 무대 뒤로 사라졌다. 참으로 안타까웠다. 끝까지 그의 철학을 존중하였고 그를 통해 탈북 청소년들이 이 땅에서 떳떳하게 살아가는 모습을 보

셋넷학교는 매년 남과 북의 분단비극을 창작극과 마임극 등으로 연출해 공연했다.

고 싶었지만 실험학교는 성공을 이루지 못했다. 그래도 셋넷학교에서 수학한 청년들은 이 땅에서 당당하고 사뿐사뿐 살아가고 있음을 확신한다.

셋넷학교가 개교하는 날, 나의 손을 잡고 간 분이 한양대학교 문화인류학과 정병호 교수다. 정교수는 당시 (사)남북문화통합교육원 원장으로 활동하며 통일부 하나원 연수원 초창기부터 탈북 청소년 교육 프로그램 '하나둘학교'를 진행한 분이다.

남북문화통합교육원은 서강대학교 김영수 교수, 연세대학교 전우택 교수, 북한대학원대학교 이우영 교수, 충남대학교 정진경 교수, 하나원 김중태 초대원장과 함께 문화계, 일선 통일에 관심 있는 교사들로 구성되었다. 정교수의 제자인 윤상석 선생이 실무적인 총괄 역할을 하였고, 그는 지금까지 명실상부 탈북 청소년 교육에 가장 많은 경험을 가진 분이다.

다른 교수들도 지금까지 통일을 위해 공헌하고 있다. 모두 훌륭한 분들이다. 뜻을 같이하는 분들이 함께 만나 의미 있는 일을 하는 모습이 대단히 보기 좋았다. 그래서 나도 살짝 한 발자국 들여놓고 싶어서 이사가 되고, 나중에는 이사장직도 맡았지만 역부족이었다. 경험도 적었고, 교수분들은 각자 따로 하는 일이 있어 내가 헌신적으로 법인의 운영 방향을 리드하고, 재원도 조달하는 등 중심적인 역할을 했어야 하는데 그러지 못해 결과적으로 오히려 누만 끼친 것 같아 죄송스럽다.

지금은 법인 이름도 '평화디딤돌'로 바뀌어서 활동 영역이 달라진 것 같다. 참으로 애석한 것은 정병호 교수가 지난 2023년 가을, 병환으로 홀연히 떠나 동료들과 제자들의 마음에 깊은 슬픔을 남겼다는 것이다. 평생을 극진히 사랑하며 버팀목이 되어 주시던 정진경 교수님을 두고 어떻게 눈을 감으셨는지 생각하면 더욱 마음이 아리다.

남북문화통합교육원이 부설기관으로 운영하던 기관이 '한누리 지역아동센터'이다. 처음에는 영등포에서 방과 후 공부방으로 시작했는데, 서울시에서 지원해 준 임차건물에 입주하면서 지역아동센터로 변하였다. 탈북민들이 많이 거주하는 신월동에 있는 탈북 청소년 전용 지역아동센터이다.

12시면 학교를 마치고 오는 초등학생을 필두로 오후 6시가 되면 형, 누나들로 북적이며 저녁 식사 시간이면 피크타임을 이룬다. 학교 공부하기는 힘들어도 같이 모여 공부하고 담소를 나눌 수 있는 센터는 아이들 마음의 안식처였다. 2023년에 창립 20주년을 맞았으니 대단히

한누리학교 5주년 기념행사가 '목동 아이스링크장'에서 열렸다.

긴 세월 동안 한결같은 분위기로 이어져 오고 있는 소중한 우리 사회의 자산이다.

하나원 초창기부터 '하나둘학교'의 선생으로 봉사를 시작한 정병호 교수가 아끼던 안진희 선생, 강희석 선생, 그리고 나와 같이 활동하던 김정연, 황미정 선생의 헌신적인 아이들 사랑은 감동적이다.

몇 해 전, 해솔학교 출신 남학생과 한누리학교 출신 여학생이 부부의 연을 맺었다. 모두 나와 인연이 있는 친구들인데, 지금은 예쁜 애기 낳고 어엿한 사회인으로 자리를 잡아 대견하고 고맙다.

한누리학교는 특히 중요한 의미를 가지고 있다. 탈북민 초중고 학령기 아이들은 남한 아이들과 어깨를 겨누며 학교 공부를 하기가 힘들지만 그래도 정규학교에 다녀야 한다. 그래야 남한 사람이 될 수 있다. 그들만 모인 대안학교에서 지내면 그 역시 북한에 있는 것과 진배없다.

탈북 청소년들은 정규학교에 다니면서도 엄마의 관심과 더불어, 방과 후 학습 부진을 보완할 수 있는 지역아동센터나 개별지도 프로그램의 지원을 받아 정규학교 과정을 마칠 수 있어야 한다. 한누리학교는 그런 의미에서 보배다. 전국에서 오직 하나뿐인 탈북 청소년 전용 센터이기 때문이다.

한누리학교가 주최한 캠프 프로그램 중 '둘레길 트레킹'이 있다.
사진은 제주도 둘레길을 여행하는 모습

해솔학교는 어떤 학교인가

'해솔직업사관학교' 이름은 무슨 의미인가요?

이 질문을 꽤 많이 받는다. 내가 봐도 그렇게 세련된 이름은 아니다. '해솔'이라는 단어도 생소하고, '직업'이라는 단어는 너무 일반적이고, 이에 비해 '사관'이라는 단어는 너무 고상하다. 서로 어울리지 않는 단어들을 조합해 학교 이름을 지은 것은 설립자의 메시지를 담고 싶어서였다.

해솔학교 법인 설립 신청서를 작성하면서, 밤늦은 시간까지 고심에 고심을 거듭하였다. 그러다 '해처럼 밝고, 소나무처럼 꿋꿋하게, 너만의 기술을 가진 전문기술인이 되어 이 사회에서 홀대받지 않고 당당하게 살다가, 어느 훗날 고향에 돌아가서 그 사회의 리더가 되라'는 나의 소망을 담아 '해솔직업사관학교'라는 이름이 탄생하였다. 세련된 이름은 아니지만 해솔학교의 가치와 지향점을 담은 이름이다.

거창한 통일의 선봉대 역할을 하라는 뜻은 아니다. 남한에서 잘 정착하고, 아이를 낳고 새로운 족보를 이루라는 소망이 더 먼저이다. 그리고 언젠가 남한에서 익힌 선진 기술로 북한을 재건하는 데 기여할 수 있다면 그 사회의 리더가 될 수도 있을 것이다.

이처럼 '해솔직업사관학교'라는 이름에는 학교의 설립 목표가 고스란히 반영되어 있다. 그리고 여전히 지금도 유효하고 해솔학교가 존립

해솔직업사관학교 전경. 이곳에서 많은 탈북 청소년들이 꿈을 키우고 있다.

하는 이유이기도 하다.

탈북 청소년을 위한 대학 특례 입학 제도의 함정

탈북 청소년들은 대부분 학력 공백이 있다. 북한에 있을 때 학교를 중단한 경우도 많고, 중국에 체류하는 동안에는 당연히 공부를 할 여건이 안 되었다. 한국에 입국한 후에도 남한의 교육 과정과 교과 내용이 크게 달라 학교에 적응하기가 어려웠다. 이런 아이들이 남한 아이들처럼 일반 전형으로 대학에 들어가기란 사실상 불가능하다. 그래서 정부와 대학은 정원 외 특별 전형으로 대학에 입학할 수 있는 '대학 특례 입학 제도'를 허용해 지금까지 그들에게 적용하고 있다.

이러한 대학 특례 입학 제도가 시작되면서 탈북 청소년을 위해 설립된 대안학교에는 검정고시를 통해 고졸 학력을 인정받으려는 청년들로 초만원이었다. 우리나라 검정고시는 아무리 공부를 안 한 학생이라도 1년에서 1년 반이면 통과할 수 있는 수준이다. 어쩌다 그것마저 안 되면 소위 '라이언 일병 구하기' 작전을 짜서 집중적으로 검정고시 훈련을 시키면 100% 통과다.

그들의 검정고시 합격은 남한 학생들이 12년에 걸쳐 밟아온 학교 교육과 입시 준비를 단번에 대체하는 과정과도 같다. 초창기에는 검정고시에 합격만 하면 서울에 있는 명문대학 문과 계통 입학이 보장되었다. 문과만 지원할 수 있는 것은 아니었지만 이과 계통은 수학 과목 등에서 도저히 공부할 감당이 안 되니까 전 학생들이 문과 계통의 학과로 진학하였다. 주로 경영학과, 중국어학과를 많이 갔고, 정치외교학과에 진학하는 경우도 있었다. 중국어과는 중국에 일정 기간 살면서 짧지만 어느 정도 중국어를 구사할 수 있어 나름 경쟁력이 있어 선호하는 학과였다.

대학 특례 입학 제도는 그들에게 하늘에서 내린 행운 같은 것이었지만 4년 후에는 독배가 되어 되돌아오는 결과가 많았다. 초등학교 3~4학년 이전에 입국해 남한에서 정규 중·고등학교를 다닌 학생들은 그래도 대학 공부를 하는 것이 가능했다. 하지만 갓 입국해 대안학교에서 벼락치기로 검정고시에 합격해 대학에 간 학생들은 따라가기가 버거웠다. 사실상 중도 포기를 하거나 그냥 졸업 자체가 최고의 목표가 되었다.

아무리 자격증 취득이 가능한 전문대학과 기능·기술 계통의 대학을 가라고 설득해도 막상 검정고시에 합격하고 나면 바로 명문대학 문과 계열을 지원하는 것이 정해진 코스였다. 그도 그럴 것이 북한에서 대학은 바로 그 사회의 특수 신분임을 증명해주는 존재다. 게다가 일류대학이니 그들 입장에서는 고민할 필요가 없었을 것이다. 엄마의 입장에서도 우리 아들이 대한민국 명문 대학생이라니 남한에 온 가장 큰 보람이기도 했으리라.

대학 특례 입학 제도는 얼마 지나지 않아 제도적인 한계를 드러내기 시작했다. 특례 제도 자체가 탈북 청소년들을 위해 정교하게 독자적으로 만들어진 것이 아니다. 이 제도는 기존 우리 사회에서 외교관 등 장기 해외 근무자의 자녀를 위해 마련된 대학 특례 입학 제도를 그대로 적용해, 각 대학에서 자율적으로 정원 외 입학을 허용토록 한 것이어서 여러 문제점을 안고 있었다.

대학에서는 정원 외 입학을 허용하는 것이고, 탈북자를 돕는다는 명분까지 있어 탈북 청소년들을 받아들이는 데 큰 문제가 없었다. 그러나 입학생들의 학업 수준이 현저하게 차이가 나서 곧 교육부의 현안으로 대두되었다. 교육부에서는 각종 보완책을 논의하는 듯 하였으나 장외로 사라지더니 20년이 지난 지금도 예전의 대학 특례 입학 제도가 그대로 적용되고 있는 상황이다. 다만 보완책으로 개별 대학이 입학을 허용하지 않거나 선별 기준을 강화하는 수준에 머물러 있다.

대학 특례 입학 제도는 그들이 꿈에 그리는 대학 졸업장을 품에 안기며 긍지를 심어주는 긍정적인 효과도 있다. 하지만 효과에 비해 사회적 폐해는 훨씬 크다는 게 나의 생각이다. 그런 정도의 과감한 정책이면 훨씬 효율적이고 그들에게 실질적인 도움이 되는 제도를 얼마든지 구상할 수 있다.

우선 대학을 졸업한 탈북민 일부는 특채로 국가기관 또는 유관기관에 취업한다. 하지만 제도의 도움 없이 독자적으로 전공을 살려 취업하기는 어려웠다. 더구나 교수들은 취업이 되지 않는 제자들에게 대학원 진학을 권유해 더욱 고학력자 배출을 부추기는 결과를 낳기도 하였다.

대학을 졸업하고도 한국에서 취업이 안 돼 방황하던 많은 탈북 청년들은 수년 전 영국과 독일을 비롯한 유럽 일부 국가에서 난민을 허용하자 그곳으로 탈출하였고, 미국, 캐나다, 호주로 이민가기 위해 비행기를 타는 경우도 많았다. 하지만 타국에서 불법 체류자가 되거나 대부분 다시 귀국했다.

만일 특례 제도의 문제점에 신속하게 대응해 문과 계통으로 진학하는 대신 제도적으로 이과나 기술 계통에서 성장하도록 물줄기를 바꾸어 주었다면 얼마나 좋았을까. 그랬다면 20년이 지난 지금은, 많은 청년들이 벌써 이 사회에서 기술·기능 전문인으로 당당하게 살아가고, 창업을 하고, 아파트를 청약하고, 결혼해 더 안정된 가정을 꾸리고 있을 것이다.

이 사회에 전문분야가 얼마나 많은가. 이제는 세계 최대의 기업들에서도 이공계 출신이 CEO가 되고, 창업자가 되는 세상이 아니던가. 남한 사회에 친인척도 선후배도 없는 탈북민들이, 경상도나 전라도 출신도 아닌 홀홀단신이 어디 가서 마케팅을 할 수 있을까. 또 회사에서 팀장이 되고 부장이 될 수 있을까. 인맥 중심으로 굴러가는 한국 사회에서는 불가능한 일이다.

탈북민의 입학을 허가하기 전에, 학업을 수행할 수 있는 수준이 되는지를 검증하는 과정이 있어야 했다. 그래서 실력이 있는 사람은 대학 입학을 보장하고, 못 미치는 사람에게는 그보다 낮은 수준의 공부를 할 기회를 주어 학업을 마치게 했어야 한다. 무조건 4년제 대학을 진학하게 하는 것이 아니라 수학능력에 따라 전문대학에 입학하게 하는 교통정리도 필요하였다.

더욱 중요한 것은 이공 계통이다. 기술·기능 계통을 장려하여 그 방면을 지원하는 사람에게는 장학금과 방학 중 집중 보충 수업 기회를 부여해 학업을 마칠 수 있도록 보장하고, 확실한 취업의 길로 인도하였어야 했다. 그랬다면 탈북 청소년들은 평생의 직업을 보장받고, 우리 산업사회는 필요한 기술 인력을 안정적으로 확보할 수 있는 또 하나의 길을 확보할 수 있었을 것이다.

인공지능과 로봇 시대를 맞고 있는 현시점에서 우리 사회는 기술 인력의 부족을 절감하고 있다. 높은 수준의 전문 인력도 필요하지만 기능 인력의 저변확대도 기술 산업 입국과 국가 경쟁력의 핵심이다. 미국에 현지 투자를 하고, 기술 전수를 통해 산업 경쟁력을 확보하는 데 무슨 경영학과나 정치학과 출신이 그렇게 필요하단 말인가.

매년 입국자의 30% 이상을 차지하는 북한 청소년들이 남한 사회에서 아직도 방황하는 현실은 그들만의 책임이 아니다. 우리 정부 당국이나 탈북민들을 지원·후원하는 모든 남한 사회 당사자들의 무책임, 방관, 용기 부족에도 크게 원인이 있다. 우리를 위해 탈북민 관련 기관과 단체가 있는 것이 아니다. 이제부터라도 그들을 위한, 그들에 맞은 역할을 감당해야 한다. 그게 나아가 남한 사회의 안정과 발전이고 통일의 마중물인 것이다. 참으로 아쉽다.

해솔학교, 건강부터 교육 · 취업 · 가정까지 책임진다

해솔학교는 대학 특례 입학 제도의 함정으로 탈북 청소년들이 몸에 맞지 않는 옷을 입고 어쩌면 이방인처럼 이곳저곳을 기웃거리며 안정적인 길을 찾지 못하는 현실에 실질적인 대안을 제시하는 일종의 실험학교로 출발하였다. 나의 개인적인 열정, 시간, 사재를 투자하는 입장에서 남들이 가지 않는, 깊은 성찰과 현실적 해법을 진솔하게 찾아가는 길을 나선 것이다.

입학 자격자는 남한에 온 탈북 청소년 중 대학에 진학하지 못하거나 정규직에 취업하지 못한 20~30대 남자들이다. 해솔학교의 교육 프로그램은 단계적으로 진행된다. 우선 육체적 건강을 회복하고 정신적 트라우마를 치료하는 것이 먼저이다. 몸과 마음이 건강해진 다음에는 기초교육을 통해 고등학교 검정고시를 거친 후 자기에게 맞는 진로를 설정한다. 기술 중심의 전문대학에 입학하거나 기술 자격증을 취득해 전문 기능·기술인 훈련을 마친 후 취직할 수 있도록 돕는다. 직업을 갖고 경제적 안정을 이루고, 결혼하여 다복한 가정을 꾸리는 것으로 해솔학교의 과정은 완성된다.

해솔의 프로그램은 한 곳에서(one stop), 개별적이고(personal), 장기적이며(long term), 종합적으로(full package) 운영된다. 가정의 역할, 학교의 역할, 사회의 역할을 그들에게 제공한다. 단순히 대학입학을 위한 고등학교 졸업 자격을 취득하게 하고 내보내는 대안학교가 아니라 취업은 물론 결혼해 가정을 이루는 전 과정을 함께 걸어가는 프로그램인 것이다. 교육만 하는 학교가 아니라 생활공동체 '해솔가족(Haesol family)'이다.

건강, 인성, 기초학습 능력, 진로 설정 후 전문분야 준비, 취업 알선 및 사후 지원을 하기 위해 해솔학교는 장기적이고 종합적인 프로그램을 운영하고 있다. 그 내용을 표로 요약하면 아래와 같다.

해솔이 이공 · 기술 교육에 집중하는 이유

해솔이 이공·기술 교육에 집중하는 데는 분명한 이유가 있다. 해솔학교는 문과계 대학에 진학하려는 학생은 지원하지 않는다. 개인이 능력껏 문과 계통을 지원하는 것은 자유지만, 졸업 후 취업할 확률이 낮은 분야에 진출하려는 아이를 사재를 털어가며 지원하지는 않겠다는 나의 소신 때문이다. 누구든지 해솔의 프로그램을 같이 하면서 진로를 설정하고, 그 길로 나아가면 반드시 취업이 가능하고, 자격증을 갖춘 전문인으로서 남한 청년들과 어깨를 같이 하거나 심지어 그들을 압도하면서 살 수 있기를 바라는 마음에서다.

실제로 해솔이 배출하는 직종을 보면 건축·설비 방면의 전기, 산업 안전설비, 기계, 용접, 온수온돌, 소방, 중장비, 대형차량 운전 등 기술 계통이 많다. 간호사, 물리치료사, 방사선치료사, 치과의사 등의 보건 의료 계통 인재들도 배출했다. IT계열의 전산학과, 프로그래머, 드론, 그래픽 디자인과에도 진학하고, 농축산, 요리사, 항공서비스, 항해사 등도 관심을 받고 있다. 대부분 국가 인정 전문 자격증이나 한국산업공단이 발급하는 각종 기술·기능 자격증을 취득할 수 있는 분야이다. 이러한 자격증을 따고 본인이 선택하고 감당할 수 있는 분야에 취업할 수 있도록 지원하는 것이 해솔의 일이다.

해솔이 취업이 가능한 분야의 교육에 집중하는 데는 이유가 있다. 탈북 청소년에게 취업은 그의 인생 전체를 좌우하는 기본적인 생존의 문제이다. 남한의 청년들은 취업을 못하거나 생활 능력이 없으면 부모에게 도움을 받을 여지가 있지만 그들은 다르다. 취업을 못하면 죽은 목숨이나 다름없다.

2004년 전후, 대안학교가 문을 열었을 때 입학했던 20세 탈북 청소년은 이제 40대 중반의 나이에 들어섰다. 당시 이러한 대안학교들은 초등학교도 변변히 마치지 못하고 천신만고 역경을 거쳐 입국한 탈북 청소년에게 검정고시 과정을 제공하고, 무시험 전형으로 대학에 진학할 수 있도록 도왔다. 학비도 무상이었다.

그 결과는 어땠을까? 탈북 청소년들은 대학에 진학하면서 꿈에 부풀었을 것이다. 우선 북한에서 상상도 하지 못한 신분 상승에 더해, 졸업만 하면 남한 청년들과 동등하게 좋은 직장에 취업해 성공할 것이라고 말이다. 하지만 전공을 살려 평생의 기반으로 삼을 만한 취업은 쉽게 보장되지 않았다.

화려한 일류대학에 진학하고도 취업을 못한 이유는 문과 계열을 지원했기 때문이라고 생각한다. 요즘 일종의 유머로 '문죄송(문과라서 죄송합니다)'이라는 말이 있다고 한다. 2000년대 초까지만 해도 글로벌 기업 CEO 대부분이 상경계 중심 문과 계열 출신이었고, 하버드대학 MBA 출신은 대어였다. 그러나 IT, AI 시대가 도래하면서 이공계 출신 CEO가 주류가 되었고, 실리콘밸리 고액 연봉자도 대부분 엔지니어다. 삼성그룹의 수십 개 계열사 임원들도 문과 출신은 오히려 이제는 소수 그룹에 속할 것이다.

나 역시 문과 출신이지만, 해솔 학생을 문과로 보내지 않는 이유는 지극히 현실적인 처방이다. 현대 사회의 트랜드가 기술 중심이기도 하지만, 그보다는 탈북 청소년들이 남한 청년과의 경쟁에서 밀리지 않고, 차별받지 않을 수 있는 유일한 길이 기술과 전문직이기 때문이다. 꼭 탈북민이 아니라도 문과 출신에게 유리한 일자리도 점점 줄어드는 추세다.

그럼에도 20여 년 전 탈북 청소년들을 위해 세운 대안학교들은 검정고시에 합격한 다음 일류대학 문과 계열에 지원하도록 돕는 것으로 사명을 다했다고 생각했다. 대안학교를 졸업한 순간 남한 학생들과 경쟁할 정도의 실력을 만들어 주어야 하는데 그러지는 못하고 말이다. 이는 크게 다친 야생동물을 데려다가 온전한 치료 후에 자력으로 자연에서 살게 보내는 것이 아니라, 긴급 처치만 마치고 대도시 먹이 주는 동물원으로 보내는 것과 유사하다고 할까. 평생 자기 스스로 사냥할 능력은 키울 수 없다.

내가 해솔학교를 세우고, 탈북민을 지원하는 것은 북한에서 그들의 참모습을 보았기 때문이다. 그 환경 속에서 성장한 탈북민 아이들이 남한에서 당대인 자기의 시간 내에 남한 청년들과 견주는 일은 사실상 불가능한 일이다. 아마 남한 아이들이 북에서 태어났어도 마찬가지로 적응하기 어려웠을 것이다.

그들은 북한에서 태어났다는 사실 자체로 죄인이다. 그런 아이들을 아무런 고민 없이 문과 계통의 4년제 대학에 쏟아붓고, 마치 실적을 자랑하듯 몇 명을 대학에 보냈다고 말했던 대안학교가 조금은 원망스럽다. 정말 그들을 위해 무엇을 해야 하는지 좀 더 고민하고, 좀 더 현실적인 진로 지도를 했다면 아마도 그들의 취업률과 성공률은 훨씬 높았을 것이다. 지난 20년 동안 처음부터 탈북 청소년을 자력으로 취업이 가능한 기술 전문가로 양성하는 방향으로 지원했다면, 지금 40대 중반이 된 그들이 제 몫을 담당하는 중견 간부로 자리매김했을 것이란 아쉬움이 남는다.

해솔학교 출신은 적어도 직장에서 차별받지 않는다. 남들과 똑같이 기술력이 있고 자격증을 보유하고 있어 차별을 받을 이유가 없다. 자격증만 하더라도 남한 친구들이 대개 한두 개 취득하고 있다면, 해솔 출신은 적어도 3~4개는 보유하고 심지어 10개까지 가지고 있다. 그들은 어디에 가든지 또래들을 압도하는 실력을 가진다.

해솔 학생들이 기술만 익히는 것이 아니다. 능력에 따라, 그리고 자기가 하고 싶은 분야의 대학과 전문대학에 진학한다. 다만 문과 계열을 가기를 원하면 스스로 알아서 가야 한다. 문과는 해솔의 지원 대상이 아니기 때문이다.

해솔학교가 배출한 가장 성공적인 사례는 치과의사이다. 국내 최고의 치과대학에서 전문의 과정까지 마치고 현재 치과의사로 활동하고 있다. 능력이 있으면 대학 진학을 지원하는 것이 오히려 훨씬 수월하다. 알아서 공부하니까. 그런 학생들에겐 생활 장학금만 조달해주고, 대학교재를 공급해주면 된다.

12년 동안 해솔학교를 운영하면서 나는 기회만 있으면 정책 당국, 관련 지원단체, 대안학교 운영자들에게 탈북 청소년들의 직업 진로 지도의 중요성을 강조한다. 기술 전도사 역할을 자처하고 있다. 대학 진학자 중에도 제도적으로 이과 계통 진학자와 전문대학 진학자들을 우선 지원해 그들을 중도 탈락하지 않게 지원해주는 정책이 필요하다고 말한다. 학비는 무료이니 더 혜택을 줄 건 없겠지만 적어도 장학금은 문과에 비해 차등 지급할 수 있지 않을까.

최근에는 탈북 청소년들이 문과가 아닌 기술 계통으로 진학하는 것이 답이라는 결론이 났다. 이제는 다행히 많은 학생들이 간호·보건 계열 등 전문직 학과를 선택하거나 문과 출신이 다시 방향을 바꿔 기술 계통의 진로를 택하는 추세인데, 만시지탄(晩時之歎)이다.

해솔은 대학생 재활 프로그램(Career Rehabilitation Program)을 마련하여 지원하고 있다. 이 프로그램은 인문계 졸업생 중 취업이 안 되는 청년을 이공계 대학으로 재입학하거나 학사 편입을 할 수 있도록 돕는다. 또한 이공계 학생 중 현재 실력이 부족해 졸업이 쉽지 않아 고민하는 학생에게 휴학 또는 방학을 이용해 부족한 과목을 중점 지원해 전공을 살려 취업할 수 있도록 돕기도 한다. 원래부터 그랬어야 하는데, 긴 여정을 돌아 다시 원점으로 오는 느낌이다. 해솔 입장에서는 더 많은 자원을 투자하고, 힘을 쏟아야 하는 일이지만 그래도 그게 확실한 길이다.

좀 더 정부나 민간단체 차원에서 기존의 문과 중심의 진학 물줄기를 이공 계통으로 바꾸려는 노력을 했으면 좋겠다. 하지만 아직까지는 아무도 나서지 않고 있다.

누가 해솔학교에 입학할 수 있나?

해솔학교 입학 자격은 무엇이냐는 질문을 자주 받는다. 해솔학교를 시작하면서 학생들 모집과 홍보를 위해 예전부터 알고 지내는 지방의 '하나센터' 소속 상담사에게 전화를 걸었다. 이러이러한 대안학교를 준비하고 있다고 도움을 청했다. 친절하고 북한 청년들에 애착이 많은 그 분의 대답은 의외였다. 학생들을 골라 받으라고 권했다. 그렇지 않으면 실패할 확률이 너무 높다고 했다.

진심 어린 조언을 받고 고민한 끝에 '나의 도움이 필요한 사람은 누구나'로 답을 정했다. 다만 알코올 중독자와 전염성 질환자는 제외했다. 그 외에는 정신적 결함이 있거나 장애인이어도 동등한 입학 자격을 부여했다. 어차피 그들도 이 사회에서 살아야 할 사람들이니까. 남한 청소년들에 비해 탈북 청소년들은 정신적 장애뿐만 아니라 경계성 지

기술 수업을 받고 있는 학생들

해솔학교는 기술교육에 각별히 신경을 쓰고 있다.

능이나 사회 부적응 상태의 아이들이 많은 것 같다. 그들에게 맞는 진로와 취업의 길을 찾는 역할이 해솔이 할 일이다.

예전에 그 상담사님이 왜 그런 이야기를 했는지 충분히 이해가 간다. 10년이 훌쩍 지난 지금도, 조금도 변함없이 부족하고 사람 몫을 제대로 하지 못하는 해솔의 가족도 있다. 그래도 나에게는 한 가족이다. 해솔 가족 명단에서 삭제하지 않고 있다. 뜬금없이 연락이 오니까. 삶을 포기하고 약을 먹는 순간에도 연락이 온다. 살려달라는 뜻이다. 그래 죽지 않고 산 것만 해도 다행이다. 해솔과 같이 살자. 우리는 다시 한 번 그들을 가슴에 품는다.

해솔은 그들에게 마지막 보루이다. 부끄럽고 도망가지만 그래도 찾고, 손을 내밀면 다시 가슴에 안긴다. 해솔은 그들에게 부모이자, 가정이자, 학교이고, 사회다.

알코올 중독자와 전염성 질환자를 제외하면 다 해솔학교에 올 수 있다고 했지만 사실 불과 얼마 전까지만 해도 해솔학교는 '금녀의 집'이었다. 2022년, 새 학교 건물이 완공되어 이전하기까지 여학생은 지원 대상이 아니었다.

해솔학교를 설립할 당시 큰 고민 중의 하나가 성별 구분을 두어 입학을 시키는 문제였다. 교육 과정이 길고, 학교가 지방에 있고, 또 전원 기숙사 생활을 해야 하기 때문에 남, 여 중 어느 한쪽만을 선택해야 할 것 같았다. 8년 동안 셋넷학교에서 봉사하면서 학생 어느 한 명이 나가면 친하게 지내던 이성 친구가 따라 나가는 모습을 많이 보았다. 교육의 연속성으로 보면 좋지 않은 형태라 고민하다 남자 학생만 받기로 했다. 남자는 어쨌든 가장의 책임을 더 져야 하니까 우선권을 주는 게 맞다고 생각했다.

해솔학교는 이들에게 절체절명의 동반자가 되어야 했다. 아픔 많고 상처 많은 남자 청년들하고만 산다는 것은 참 재미없는 일이다. 말씨부터 무뚝뚝하고 공부에 집중하기가 어렵고 저녁이면 몰래 소주잔을 마주치기도 한다. 중국에서 태어난 제3국 학생들이 입학하면서도 여전히 남성 입학을 고수했다. 남학생들만 있으니 수업 분위기가 가라앉고, 방과 후에도 지도를 해야 하는 어려움이 있었다. 나중에 알게 된 사실이지만 여학생들도 만만치 않았다. 여학생들의 경우, 오히려 야간 일정까지 신경을 써야 할 일이 많았다. 24시간 근무인 셈이었다.

'금녀의 집' 금기가 깨진 것은 대학 재학생을 위한 하계·동계 방학 기간 중 특별 프로그램을 시작하면서부터이다. 게다가 입학과 동시에 해부학을 공부하는 간호 계열 학생들에게는 사전 영어 공부가 대단히 중요하다. 수학, 화학 등 이공 계열 과목은 대학생들이 특히 어려워하는 과목이다. 또 전공을 잘못 선택해 진로를 변경해야 하는 학생들까지 합류한다.

여학생들을 수용하기 시작하면서 당연히 별도로 기숙사를 마련해야 했다. 다행히 소식을 전해들은 천주교 춘천 교구 주교님의 배려로 단독 아파트를 제공받았다. 3년 전부터 시작한 방학 기간 대학생 보강 프로그램은 이제는 상당히 진화해, 2025년 여름방학 중에는 15명이 지원해 춘천과 서울에서 동시 진행하기도 하였다. 숙소는 인근 교회의 선교관 스테이를 부탁드려 사용하기도 했다. 거액의 운영비가 요구되

취업박람회에 참석한 해솔학교 학생들. 취업박람회는 취업 전선의 실제 분위기를 알 수 있는 좋은 기회이다.

는 일이었지만 오직 수업에 열중할 수 있도록 모든 여건을 준비하며 지원하는 것은 매우 중요하다.

대학생 진로 및 취업 준비 지원 사업은 잘 진행되고 있다. 이 프로그램을 통해 좋은 성과를 낸 학생이 무려 26명에 달한다. 유형별로 보면, 문과대학 졸업 후 완전히 진로를 변경해 새 길을 택하는 경우가 4건, 해외 유학 준비가 2건, 보건 계열 졸업 후 취업 및 재직하면서 대학원에 진학한 경우가 4건, 문과 재학 중이면서 진로를 변경해야 할지 고민 중인 경우가 4건, 간호학과 재학 6건, 이과 계열 전문직이 6건이다.

문과 계열 학생은 전원이 진로 변경과 해외 유학 준비 중이다. 크게 나누면 문과 계열은 진로 변경을 위해 해솔에서 공부하고, 이과 계열은 졸업 후 쉽게 취직하고 그 이후 대학원 진학을 도모하거나, 현역 학생으로서 부족한 공부를 보충하기 위해 해솔에 오고 있다. 대학생 전체적으로는 당연히 문과 재학생이나 졸업생이 압도적이지만 진로 수정 없이 전공에 맞추어 취업하는 경우는 정말 많지 않은 것 같다.

해솔은 대학생에게는 이공계열 전공을 실제로 연마하는 실습장이며, 동시에 학업과 진로를 다시 세우는 재생(rehabilitation) 공간이다. 대학 진학 진로를 제대로 하지 못해 학생들이나 우리 사회가 치러야 할 대가가 엄청나게 크다. 대학에 다니면서 얼마나 고민이 많았겠는가. 실제로 내가 만난 학생들의 대다수가 그 점을 크게 아쉬워하고 있었다.

해솔은 어떻게 운영되어 왔나?

해솔학교를 설립하고 12년이 된 지금까지 참으로 많은 돈을 모으고 집행했다. 사실 처음 학교를 시작할 때만 해도 이렇게 많은 예산이 소요되리라 전혀 예상하지 못했다. 그냥 필요한 교실 공간을 확보하고, 숙식 시설을 임차하며 학생들과 모여 열심히 공부만 하면 되리라 생각했다. 게다가 강원도가 암묵적으로 학교가 자립하는 동안 행정적·재정적 지원을 일부 하겠다고 약속해 더 큰 걱정을 하지 않았다.

그러나 막상 일을 착수하고 나서 닥친 현실은 그렇지 못했다. 법인 설립 자본금 5천만 원을 비롯한 몇 년 동안 학교의 모든 짐은 오롯이 설립자 몫이었다. 물론 각오는 있었다. 설립 계획서에는 '3년이면 해솔의 존속 여부가 결정되고, 5년이면 남한 사회 내 탈북민에게 환영받는 학교, 10년이면 북한에서 내려오는 청년들이 줄을 서는 학교'라는 비전을 세웠다.

모든 비용을 거의 사재에 의존하며 친정집이던 KEB하나금융나눔재단, 수출입은행, 사회복지공동모금회 공모사업을 통해 사투를 벌이던 중, 설립 3년 차에 아산나눔재단에서 공모한 '파트너십 온 프로그램(Partnership On Program)'[10] 사업에 선정되어 결정적인 도움을 받았다. 2년 반 동안 무려 5억2천만 원의 지원을 받았다. 해솔로서는 절체절명의 생존 사투에서 부활의 날갯짓을 날리는 쾌거였다.

그 이후 몇 년은 순조로웠다. 조직은 안정되었고, 학생 수는 증가했다. 운영자금 조달원을 다변화해 정상적인 성장 흐름을 이어갔다. 그런데 산 넘어 산이라고 했던가. 학교 자체 건물 신축이라는 과제가 기다리고 있었다. 2017년 부지 매입을 시작으로 2021년 완공에 이르기까지, 총 40억 원에 조금 못 미치는 건축 비용을 마련하는 또 한 번의 '고난의 행군'을 걸어야 했다. 하나금융그룹, KB국민그룹, 강원도 등 세 기관이 기둥과 지붕을 세워주었고, 벽돌과 실내 인테리어는 많은 분들이 거금을 쾌척해 완공할 수 있었다.

2013년에서 2023년 해솔 10년의 기간 중, 운영 경비 60억, 건축 경비 40억, 총 100억 원에 달하는 막대한 자금이 소요되었다. 그래서 나는 늘 수입과 지출을 계산하며 스스로를 다그칠 수밖에 없었다. 학생 1인당 연평균 양육비용은 약 2천만 원이다. 상당히 큰 금액이지만 해

10 아산나눔재단에서 진행한 이 사업은 대학·비영리·지역기관과 협력해 청년의 사회혁신 활동과 역량 성장을 지원하는 파트너십 기반 프로그램이다. 단순 기금 지원을 넘어 교육·네트워킹·멘토링을 결합해 청년이 지역사회에서 지속 가능한 변화를 만들어가도록 돕는 것이 핵심이다. 해솔직업사관학교는 2014년 프로그램 1기에 선정되었다.

솔 학생들이 제대로 성장해 취업하고, 국가에 세금을 납부하면 이야기가 달라진다. 이들이 정착에 실패했을 때 국가가 부담해야 할 사회보장비용과 각종 사회적 부담을 고려하면 대략 5년이면 모두 상쇄되고도 남는 '흑자 계산'이 나온다. 이는 개인은 물론 국가적으로도 안정으로 이어지는 길이다. 돈은 제대로 쓰이면 그 효과가 매우 크다. 그래서 더욱 감사한 마음으로 학교 운영에 최선을 다하게 된다.

최근 1년 운영 예산 규모는 7~8억 원 정도이다. 통일부 남북하나재단 지원금과 지자체 강원도와 춘천시 공적 지원금으로 35%를 충당하고, 사랑의 열매, 대기업 복지재단 등 기관 지원금이 35%를 차지한다. 나머지 30%는 개인과 종교 단체 등 민간 후원으로 구성되어 있다.

총인원 600명에 달하는 개인과 민간단체의 지원은 그야말로 축복이요 은혜다. 매달 받는 후원금에 내가 지게 되는 정신적 부담은 엄청나지만 그래도 그 돈은 고스란히 용도에 구애받지 않고 학교에 필요한 자원으로 활용할 수 있다. 어느 용도로는 안 되고, 어느 용도는 되는 예산지원기관의 지극히 편의적인 제약이 따르는 돈은 정말로 이들에게 필요한 경비로 사용할 수 없다. 예를 들어 기숙학교의 식재료비가 운영비로 인정되지 않는다면, 학생들은 무엇으로 식사를 해결해야 할까. 삶을 포기하고 음독을 시도하는 아이에게는 비상 처방금이 필요하고, 보이스피싱으로 큰 빚에 시달리는 학생들에게는 긴급구호비가 필요하다.

거액 경비를 천신만고 끝에 조달해 학교 건물을 짓고 나니 몇천만 원의 취득세가 나오고 매년 몇백만 원의 재산세를 내야 한다. 결국은 개인 후원금을 받아 나라에 세금 내는 이 현실이 나는 아프다. 아마 사람들은 내가 학교에서 월급을 받거나 상당한 예산을 쓸 것이라고 생각할 지도 모른다. 천만의 말씀이다.

나는 매일 후원자들에게 빚지고, 고마워하고, 경조사에는 달려간다. 교회에는 예배라도 참석한다. 거금을 지원해준 금융기관, 기업체, 민간단체에 늘 감사하며 이 글에서도 그 이름을 밝혀 보답하고 싶으나 그러지 못해 아쉽다.

역시 신앙은 사랑이다. 어느 한 곳도 해솔이 먼저 찾아가 후원을 요청한 적이 없다. 여러 교회와 성당, 그리고 유관 단체가 해솔의 이야기를 듣고 찾아와 주셨다. 거기에는 사랑이 듬뿍 담겨 있다. 통일의 염원이 가득하고 북한 동포와 이곳 탈북민에 대한 애정이 기도와 헌금으로 이루어진다. 그러나 해솔은 설립 이래 한 번도 후원의 밤 행사를 하거나 해솔을 나타내려 한 적이 없다. 그리고 성도임을 빌미로 모금을 하지 않으려 한다.

우리 학교에 들어서면 1층에 무슨 예술작품처럼 보이는 커다란 패널이 설치되어 있다. 거창하게 영어로는 'Doner's Recognition'이라는 기부자 명단이다. 수년에 걸쳐 1억 원이 넘는 기부금을 낸 분도 있고, 재미동포 장로님은 7년이 넘도록 매년 1만 달러를 보내 주신다.

돈의 크기가 문제 아니다. 6백 명에 달하는 후원자 명단이 있다. 그분들을 새기며 해솔학교는 하늘에 우러러 부끄러움이 없는 투명 회계를 한다. 후원금이 부족하면 내 주머니에서 직원 월급을 충당해야 하는데 무슨 유용이 있겠으며, 회계 담당 직원이 사적으로 쓸 수 있는 자금 여력도 없다. 매달 첫날이면 결산서류가 작성되고 바로 학교 게시판에 올라간다. 자동 결산이다. 꼭 써야 할 돈은 품의서에 기재하고 당당하게 사용하면 된다.

일반적으로 어느 한 개인의 의지로 설립되고 운영되는 기관은 구조적인 취약점을 갖고 있다. '장기 존속 불투명'이 그것이다. 더구나 설립자가 자산가가 아닌 단순 직장인으로 30여 년을 살아온 평범한 사람이고, 운영 재원은 이미 바닥이 나 있다면 그 앞날이 어떨까. 안정적 재원 조달이 얼마나 중요한지 늘 절감한다. 해솔 20주년이 되는 85세에는 은퇴를 하고 좀 한가한 시간을 보내고자 한다. 그때까지는 해솔 이사장 자리를 맡을 천사가 나타나기를 고대한다.

해솔학교는 늘 안정적 재원 조달이 어려운 가운데서도 정부의 운영비 지원이 보장되는 소위 인가형 대안학교로 변신하지 않고 지금까지

세계는 넓다. 해외문화탐방을 하면서 즐거워하는 아이들. 여력이 닿는 한 더 많은 세상을 보여주고 싶다.

운영해 왔다. 행정관청, 기업체와 단체의 지원, 개인 후원이 큰 힘이 되어 준 덕분이다. 해솔이 앞으로 맞이할 10년 동안에는 학교의 장기 존속을 위한 기금 조성이 큰 과제로 남아 있다. 일정한 기금이 있어 운영비 일부를 충당할 수 있다면 얼마나 좋을까 꿈을 꾸어 본다.

아마도 대한민국에서 해솔학교 자원봉사단과 같은 모임은 찾아보기 힘들지 않을까 싶다. 처음에는 직원 3명이 학교와 기숙사 운영까지 담당했다. 학생 기초교육 수업은 춘천의 대학생 자원봉사 위주로 시작하였으나, 대학생들이 자기들보다 나이도 많고 산전수전 다 겪은 탈북청소년들을 지원하고 교육하는 일은 사실상 불가능하였다.

그 와중에 교회의 소개를 받고 문을 두드린 분이 전 춘천시 교육장인 허대영 장로, 춘천교육대학교 김선배 총장 그리고 그분들이 축이 되어 모인 선생님들이 '상록드림교육봉사단'이다. 14분으로 시작한 봉사단이 10년의 세월 동안, 탈북 청년들의 인생 멘토로 과목별 수업을 지도해 주고 있다. 이분들이야말로 해솔의 동역자요, 우리 사회의 본보기이다. 춘천 교육도시라는 이름에 걸맞는 예이다.

학교를 넘어 가족으로, '해솔가족'

나는 학생들 이야기는 바깥에 나가서 가급적 하지 않는다. 애달픈 사연밖에는 할 이야기가 드물기도 하고, 그들을 앞세우고 무슨 일을 하는 것 같기 때문이다. 해솔이 배출한 성공 사례를 이야기하기도 꺼려진다. 해솔을 졸업한 학생 중 성공한 학생들이 많다는 것을 이야기해야 인정도 받고 후원금이라도 받을 수 있는데, 내키지 않는다. 성공한 사례를 만들려면 좀 과장도 해야 하기 때문이다. 그렇다고 솔직하게 실패한 이야기는 오히려 학교 체면만 깎는 일이 되어서 이래저래 학생들 이야기는 하지 않게 된다.

다만 '해솔은 우리 학생이 어떤 사람이라도, 어느 누구라도 그들에게 최선을 다해 보살피는 노력을 하고 있다'는 것만은 분명하게 말할 수 있다. 그들의 소식에 일희일비하며, 감탄과 탄식으로 희로애락을 같이 한다.

그러나 꼭 한 가지만은 이야기하고 넘어가야 할 사정이 있다. 나는 탈북 청소년들을 두고 '부모가 있건 없건 고아'라는 표현을 쓴다. 실제로 이들 중에는 부모가 있지만 고아와 다름없는 경우가 많다. 차라리 부모가 없는 편이 낫다고 하는 경우를 자주 보게 된다. 이런 사정은 누구에게 이야기할 수도 없다. 그래서 혼자서 고통을 감내하는 경우가 많다.

자식에게 고통을 주는 부모의 모습은 상상을 초월한다. 해솔에 있는 자식을 소환하여 돈을 벌게 한다든지, 부모가 진 부채를 대신 갚으라고 강요하든지, 아니면 알코올 중독이나 질병으로 자식에게 큰 경제적 부담이나 심리적 아픔을 주는 부모들도 있다.

부모와 인연을 끊지 않으면 해결이 되지 않을 정도로 가슴 아픈 사연을 안고 사는 아이들의 짓눌린 실토를 들으면서 하늘도 무심하다는 생각을 번번이 하게 된다. 가슴이 먹먹하다는 표현이 실감이 난다. 도대체 왜 하나님은 이 연약한 아이에게 이렇게 무거운 짐을 지게 하시는지 이해가 안 된다.

탈북 청년 부모들에게도 하고 싶은 이야기가 있다. 자식을 공짜로 키우려는 부모가 많다. 일찍부터 떨어져 살아서 정이 없어서 그럴까. 남한에서 혼자 살기도 너무 힘들어서 그럴까. 부모의 사랑이 자식에게 주는 힘이 얼마나 큰지 몰라서 그럴까. 아마 그분들은 나중에 남는 건 자식 잘되는 기쁨뿐인 걸 모른다. 나중에 남는 희망과 삶의 의미가 자식인지를 모르는 것 같아 안타깝다.

이곳저곳 대안학교에 맡겨놓고 어떻게 크는지 살펴보는 일, 집에 오면 무슨 음식을 해줄까 고민하는 기쁨, 잘 커서 시집 장가 잘 가는 일에 기뻐하는 일, 이게 진정한 삶의 의미이고 자식의 행복이라는 사실을 가슴에 안고 살아가는 아버지 어머니를 보고 싶다. 적어도 내 자식은 내가 만드는 일이다. 누구에게 맡길 것인가.

우리의 미래는 현재의 연장선이다. 과거가 우리에게 잔인하여 지금의 우리를 힘들게 한다면, 지금은 뼈를 깎는 노력으로 미래 희망의 등불을 켜야 한다. 그게 탈북민들이 남한으로 와서 잘사는 길이고 남한 사람들에게 버젓이 보여줘야 할 복수이다. 그래서 나는 탈북 청소년 부모님들에게 말하고 싶다. 우리 학생들을 다그치지 마시라고. 아이들에게 좀 더 애틋한 사랑을 베풀어 주시라고 말이다.

해솔학교는 정기적으로 부모님을 초청하는 행사를 하고 있다.

부모가 좀더 아이들에게 관심을 갖기를 바라는 마음이 담긴 행사이다.

매년 크리스마스에는 해솔의 온 가족이 모여 조촐한 행사를 한다.

4.

우리는 무엇을,
어떻게 해야 하나

북한의 변화는 우리와 만나는 양에 비례한다

한때 '우리의 소원은 통일'이라는 노래가 많이 울려 퍼졌지만 지금은 남과 북 모두 예전처럼 언젠가는 통일되어야 할 한민족이라는 생각을 많이 하지 않는 것 같다. 특히 북한은 그 어느 때보다 적대적인 태도를 보이고 있다. 우리가 화해의 손짓을 해도 돌아오는 건 냉담한 반응뿐이다. 그러나 그들은 진정 전쟁을 취하고 평화를 외면하는 집단일까. 그들이 우리를 통하지 않고서도 잘 살 수 있다고 생각하는 것일까.

어떻게 해야 할까? 분명한 것은 어떻게든 남북이 만나야 변화가 가능하다는 것이다. 지금까지 남과 북의 관계를 보면 많이 만날수록 북한이 긍정적인 반응을 보였다. 결국 시작은 '만남'이 되어야 한다.

평양 세계청년학생축전, 임수경의 나비 효과

민주화 운동을 경험했던 세대는 기억하고 있을 것이다. 1989년 평양에서 열린 제13차 세계청년학생축전(World Festival of Youth and Students)에 남한의 임수경 씨가 불법 참가해 크게 문제가 되었던 사건이 있었다.

세계청년학생축전은 사회주의 진영의 국제연대와 반제국주의, 평화운동을 강조하는 사회주의권 국가와 제3세계 국가 청년들이 참가하는 행사이다. 1947년 체코 프라하에서 처음 개최되어 제13차 대회가 평양에서 열렸다. 당시 한국외국어대 학생이던 임수경 씨가 전국대학생대표자협의회(전대협) 대표 자격으로 비밀리에 동베를린을 경유해 북한에 입국하였다. 남한에서는 엄청난 정치적·사회적 파장을 일으켰고, 임수경 씨는 귀국 후 국가보안법 위반으로 징역 5년을 선고받았다.

임수경 씨는 세계청년학생축전에서 자유분방한 패션과 막힘없는 연설로 세계 청년의 민족주의적 연대를 강조하며 축전의 스타로 등극했다. 북한 당국은 체제 선전의 목적으로 대대적인 환영 행사를 벌였지만 집단적인 환호와 눈물은 결과적으로 분단의 고통과 통일을 염원하는 북한 주민들의 간절한 마음을 보여주는 모습으로 바뀌었다.

남한 동포들이 미 제국의 억압 아래 기아로 신음하고 있다고 알고 있던 북한 주민들은 임수경 씨를 보고 큰 충격을 받았다. 멋있는 청바지, 아래 위 흰색 수트, 심지어 운동화 차림의 패션도 놀라웠지만 거침없이 남한 체제를 비판하는 모습을 보고 남한이 얼마나 자유로운 사회인지를 알게 된 것이다.

행사가 끝난 후 임수경 씨는 판문점을 통해 귀국하기를 주장하였고, 결국은 문규현 신부와 함께 천주교 정의구현전국사제단의 명목으로 판문점을 통해 걸어서 돌아왔다. 북한 동포들은 그녀가 남한에 가면 곧바로 엄한 처형을 받을 것이라 예측했다. 그러나 비록 국가보안법 위반으로 5년 징역을 선고받기는 하였지만 이후 오히려 왕성한 사회활동을 하고, 국회의원까지 당선되는 모습을 보고 어리둥절할 수밖에 없었다. 북한 사회에 내밀한 충격을 준 사건이다.

북한은 세계청년학생축전을 계기로 자국 선전을 위해 엄청난 재정적 지출을 감당하며 행사를 치렀다. 하지만 대외적 정치적 효과는 미미했고, 대내적으로도 정서적 역효과만 남겼다. 게다가 다음 해 러시아연방이 해체되면서 북한 경제는 상당한 타격을 받은 것으로 평가된다.

임수경 사건에 대한 우리 사회의 평가는 엇갈렸다. 당시 치열한 민주화 운동의 여파로 통일운동의 기점이 되었다는 긍정적 평가도 있었지만 동시에 북한 주체사상의 수용이라는 사회적 논란을 야기하는 부정적 평가도 많았다.

하지만 이 사건이 북한 사회에 미친 영향은 컸다. 임수경 씨 단독으로 참가해 보여주었던 행동은 북한 사회에 큰 내상을 입힌 것으로 나는 기억한다. 왜냐하면 북한에 근무하는 동안 소위 간부급 또는 엘리트급에 해당하는 이들로부터 임수경 사건을 계기로 그동안 남한 사회에 대해 알고 있던 것이 맞는지 실체적 진실을 상당 부분 의심하게 되었다는 이야기를 들었기 때문이다. 그리고 남한에 온 장년층 탈북민 중에서도 그 당시 상황을 생생하게 기억하는 분들이 몇 명 있었다.

우리에게는 임수경 사건이 북한에 대한 이적 행위로 기억되고 있다. 반면 북한에서는 임수경 씨를 보고 오히려 북한 사회를 비판적으로 보게 되는 계기가 된 것이다.

결과적으로 임수경 사건을 통해 우리는 어떠한 형태로든, 언제, 어디서든 북한 주민들과 만나야 한다는 교훈을 얻는다. 만나는 순간 그들은 우리 사회의 실체를 보게 된다. 개성공단과 금강산 관광이 그랬고, 외화벌이를 위해 상당 기간 우리에게 개방되었던 평양 아리랑 축제 역시 그러했다. 이러한 만남은 북한 주민들로 하여금 자신들이 살아온 사회의 부정적인 단면을 자각하게 만드는 계기가 되었다.

개성공단에서 일했던 근로자는 약 5만5천 명이다. 그들의 가족까지 계산하면 4인 가족이란 가정하에 약 22만 명이 개성특별시 일대에 걸쳐 거주하는 사람들이다. 이들은 초코파이에 열광하고 남한에 대해 우호적이다. 그들에게 남한은 동경의 대상일 수 있다. 그리고 언제라도 기회가 되면 철조망을 넘어 남하할 우리의 아군이지 않을까.

공개된 사실은 아니지만, 남북한 해빙 무드의 시절에는 꽤 많은 북한 고위급 인사들이 남한을 방문해 낮에는 산업시설을 방문하고 밤이면 휘황찬란한 빌딩 숲속에 있는 숙소에서 한 잔의 술로 시간을 보내기도 하였다.

그들의 남한 방문이 자기들 공산주의 체제의 우월성을 확신하는 계기가 되었을까? 2014년 동계올림픽에 참석한 북한 선수단과 친선사절로 와서 공연한 예술단원들이 남한을 방문한 후 돌아가서 남한을 어떻게 얘기할까? 과연 억압에 시달리는 불쌍한 인민이라고 증언할까? 그

1989년 평양에서 열린 제13차 세계청년학생축전에 참석한 임수경 씨. 임수경 씨를 보고 북한 사회는 큰 충격을 받았고, 남한에 대해 알고 있었던 것이 맞는지 의심하게 된다.

2018년 동계올림픽 기간 중 강릉과 서울에서 열린 북한예술단 공연. 앞 줄 중앙이 현송월 단장

들은 마음속으로 어떤 생각을 할까?

나는 별로 운이 많지 않은데, 동계올림픽 기간 중 강릉과 서울에서 열린 북한예술단 공연에 모두 참석하는 기회를 얻었다. 북한을 대표하는 예술단 단장이자 상당한 정치적 위치에 있는 현송월 단장의 지휘하에 열린 공연은 음악의 교류 이전에 남과 북의 해빙 무드를 염원하는 정치적 행사였다. 우리가 그런 공연에 목말라 있지는 않지만, 다녀간 북한 단원들에게는 어떤 의미로 다가갔을지 궁금해졌다.

그런 의미에서 임수경 씨의 세계청년학생축전 참석은 정주영 회장의 방북 사건에는 비하지 못하겠지만, 의도하지 않은 어떠한 이벤트가 오히려 북한 사회를 흔들 수 있는 좋은 기회가 될 수 있다는 점에서 큰 의미가 있다.

어쨌든 우리는 만나야 한다. 그 만남이 쌓이면 북한이 변할 수 있고, 우리도 단단히 굳어진 평화통일 운동의 근육을 풀 수도 있을 것이다.

양희은의 아침이슬과 조용필의 공연

북한 사회를 흔든 일은 임수경 씨 사건만이 아니다. 나는 북한 사람들로부터 임수경 씨 사건 외에도 그들이 알고 있는 남한 이야기를 들은 적이 많다. 그중 하나가 양희은 님의 '아침이슬'이다. '긴 밤 지새우고 풀잎마다 맺힌 아침이슬보다 고운 ~'으로 시작하는 이 노래는 한때 우리 사회에서도 금지되었던 곡이다.

이 아침이슬은 북한 주민들에게도 절절히 마음이 가는 서정적인 가사이자 곡이었던 것 같다. 모르는 청년이 없었다. 그리고 제목은 잊었지만 다른 몇 개의 곡도 '아침이슬' 처럼 그들에게 회자되는 음악이 있었던 것으로 기억한다.

세상에는 어떤 강압으로도 힘을 얻지 못하는 것이 있다. 바로 사람 내면의 마음이다. 나는 조금도 놀랍지 않았다. 너무나 당연한 마음과 마음의 교류라는 사실에 공감하였다. 노래가 좋은데 남북이 무슨 의미가 있을까.

북한에 파동을 일으킨 일 중 가왕 조용필 님의 북한 공연을 빼놓을 수 없다. 이 공연을 기억하는 사람들이 별로 없다. 누가 원해서 조용필 님이 평양으로 가서 공연을 했는지 아는 사람은 더욱 많지 않다.

조용필 님의 공연은 2005년 8월, 정주영 실내체육관에서 열렸다. 당시 북한 최고 지도자가 원해서 이 공연이 열렸다고 한다. 그는 아마도 그의 최애곡이었던 '그 아침의 찻집' 을 직접 듣고 싶었던 것 같다.

공연을 관람한 1,500여 관객은 평양을 대표하는 사람들이었을 것이다. 그들이 공연을 보고도 남한은 자기들이 구제해야 할 대상이라 생각했을까. 거꾸로 우리가 10번쯤 북한예술단을 초청해 세종문화회관에서, 올림픽체육관에서 공연을 관람하고 기립박수를 하는 아량이 있으면 얼마나 좋을까. 지난날을 되돌아보면, 남북 관계는 세월이 흐르면서 더 멀어져 가는 느낌이다.

퍼주기인가, 변화의 씨앗인가

2005년 10월에 2박 3일간 '남북어린이어깨동무' 단체에서 주관한 북한 여행길에 아내와 함께 참여하였다. 동 기관에서 모금한 기금으로 건

립한 평양 볼펜 생산 공장 준공식에 참석하기 위해서였다. 준공식 후 관광 및 '아리랑 대집단체조' 카드 섹션 공연을 관람하는 프로그램이었다. 6년 만에 다시 북한을 여행하는 기분은 좋았고, 개인적으로 참 행복한 시간이었다. 더구나 북한에 볼펜공장을 지어주는 일은 대단히 의미가 있었다.

2005년 10월 북한에 볼펜 공장을 지어주는 준공식에 참석했다. 당시 공장에 걸린 현판 모습이다.

사실 그 기계는 남한에서 이미 폐기 처분해도 될 정도로 충분히 사용한 중고 기계를 그대로 옮겨 조립한 것이다. 평양에 남아도는 건물은 충분히 있어 볼펜 공장과 같은 소비재 제품 공장 시설을 마련하는 데 큰 비용이 들지 않는다.

당시 북한에는 학생들의 노트나 연필이 부족할 뿐 아니라 일반 사무실에서도 종이 등 필기도구를 제대로 사용하는 곳이 드물었다. 하루에 수천 개의 볼펜을 생산할 수 있는 기계 장비와 제조 원료를 공급하는 일은 실질적인 원조가 될 수 있었다. 물론 여기서 생산되는 볼펜이 바로 학생들에게 공급된다는 보장은 없고, 우선 힘 있는 기관부터 수혜를 입을 것이다.

소위 '퍼주기'를 행사 현장에서 직접 확인하기도 했다. 준공식을 마치고 어린이어깨동무에서 그 전년도에 공급한 평양 어린이 전용병원 의료기 자재와 입원 시설을 확인하는 일정이 있었다. 방문해 보니 실제 의약품과 어린이 병원 병실은 텅 비어 있었고, 시찰단을 맞이하기 위해 병실에는 성인 여성이 환자복을 입고 위장 재실을 하고 있었다. 치과

치료실의 기자재도 상당 부분 비어 있었다.

그러나 우리 일행은 대부분 이미 그럴 것이라 예측하고 방문해 그리 놀라지는 않았다. 우리 일행 중에는 북한 당국도 당연히 알고 있을 진보정당의 주요 간부 정치인도 있었고, 일행 대부분이 중견 이상의 사회적 지위에 있는 분들이었다. 북한 주민들을 위해 지원한 물품이 제대로 쓰이지 않았다는 것을 보면서 왜 북한 원조를 '퍼주기'라 신랄하게 비판하는지 공감이 가기도 했다.

그러나 우리 일행은 대부분 어린 시절 전쟁 전후 서방국으로부터 원조를 받은 것을 알고 있는 사람들이다. 당시 엄청난 물량의 원조물자들을 권력자와 주변인들이 국민에게 전달하지 않고 횡령하는 모습을 직접 눈으로 보고 경험한 것이다. 지난 시절 우리 사회의 부정·부패가 당시 북한보다 덜했다고 말할 수 있는 사람이 몇이나 될까.

나는 대학에 입학하면서 구입했던 자랑스러운 교복 한 벌을 1학년 내내 열심히 입었다. 다음 해에는 동대문 시장에서 구한 검정색으로 물들인 미군 상의 군복을 졸업할 때까지 줄곧 교복처럼 입고 다녔다. 군사훈련 시간에 입으라고 지급했던 왠지 조금은 부실한 듯한 교련복과 함께.

당시 권력층은 대부분의 원조 물품을 빼돌려 부를 축적했고, 이렇게 유출된 물품은 남대문 시장에서 팔렸다. 만약 미국이 군부대에서 군복이 유출되어 남대문 시장에서 팔린다고 해서 제공을 중단했다면, 내가 대학 시절 무슨 옷을 입고 다녔을까. 남대문 시장에서 미 군복을 판 덕분에 내가 미 군복을 교복처럼 입고 춥지 않게 지낼 수 있었던 게 다행이다.

북한 장마당에 진열된 쌀도 마찬가지이다. 우리가 쌀을 원조하면 군용으로 3년간 비축되었다가 쌀자루만 교체된 채 장마당으로 흘러나간다. 우리가 원조받던 시절의 모습과 별 다를 바가 없다.

사회복지를 공부하면서 고아 시설도 방문했다. 내가 하려던 일이라 더 관심이 있었다. 어느 노교수로부터 전쟁 이후 고아원 원조식량에 관한 일화를 듣고, 한참 동안 생각에 잠긴 적이 있다. 원조물자 점검을 나오니까 점검일 3일 전부터 햄과 소시지를 원아들에게 지급하였는데, 점검이 끝난 후 원생들이 집단 설사를 했다는 이야기다. 평소에는 안 주던 음식을 원아들에게 정량 지급해 일어난 일이다. 갑자기 낯선 음식을 먹으니 탈이 난 것이다.

우리는 남의 잘못은 쉽게 지적한다. 도덕성에 엄격한 잣대를 적용하며 쉽게 비난한다. 그러나 자기 자신과 가까운 친족이나 동류 집단의 잘못은 아예 인정하지 않는 듯한 경우가 대부분이다. 나는 평양 볼펜 공장에서 생산되는 볼펜이 계속 공급되어서 힘센 계층이 먼저 사용하고, 그 여분이 넘쳐흘러 저 멀리 시골 학생들에게까지 공급될 수 있기를 기도하였다.

준공식 행사를 마치고 우리 일행은 김일성 생가와 평양 어린이 학교를 방문했다. 그들이 정해 준 관광 일정을 마치고 저녁에는 능라도 체육관에서 열린 아리랑 카드 섹션 공연에 참석했다. 10만 관중이 들어갈 수 있는 체육관 한 면과 운동장에는 거의 1만5천 명 이상의 청소년들이 자리 잡고, 관중석에는 많은 북한 주민들과 우리 관람객의 자리가 있었다.

오직 카드 섹션과 체조 공연으로 채워진 공연은 이 세상 어디에서도 불가능한 일사분란한 장면들을 연출했다. 공연 중 어느 한두 명이 실수하면 바로 카드 색깔이 달라지는데, 한 치의 실수도 없었다. 아리랑 카드 섹션은 거의 10여 년 동안 계속됐는데, 공연 자체는 감탄이 절로 나올 정도로 훌륭했지만 정치적 통제와 경제적 외화벌이를 위한 현대판 노역처럼 보여 공연 내내 마음이 씁쓸하였다. 실제로 그 화려한 공연의 이면에는 지방에서 차출된 청소년들이 체육관 뒤편에 텐트 생활을 하면서 거의 노숙자 수준의 생활을 하는 비참한 현실이 있었다. 1998년과 1999년 현대건설 정주영 회장이 두 차례에 걸쳐 고향인 강원도 통천군에 총 1001마리의 소떼를 몰고 방북한 적이 있다. 일명 '소떼몰이 방북' 사건이다. 이는 남북경제협력과 화해의 상징이었고, 그 이후 사실상 남북 교류가 활발해지는 계기가 되었다. 그러나 동시에

볼펜 공장 준공식 후 관람한 아리랑 축전. 공연은 훌륭했지만 한편으로는 경제적 외화벌이를 위한 현대판 노역처럼 보여 씁쓸했다.

2000년 6월 김대중 대통령과 김정일 국방위원장이 1차 남북정상회담을 갖기 직전, 현대아산 정몽헌 회장이 금강산 관광 등 사업권 확보 명목으로 거액을 불법 송금한 사건이 문제가 되어 특검 수사와 재판을 받던 중 현대 본사 건물에서 유명을 달리한 애석한 사건도 있었다.

그 결과 남북정상회담의 순수성 논란과 함께 북한에 대한 '퍼주기' 비판으로 큰 사회적·정치적 파장이 일었다. 우리의 지원이 북한의 군사적 자금과 정권 유지용으로 전용되었다고 비판하는 의견과 평화와 남북 관계 개선을 위한 투자 용도였다고 평가하는 양비론이 팽팽했다. 어느 쪽이든 북한에서 자금을 어디에 사용하는지 투명하게 공개하지 않는다는 치명적인 결함이 있었다. 또한 남북 관계가 아무리 많이 발전해도 국내 실정법을 위반한 사안은 결국 어떤 형태로든 문제로 돌아온다는 점 역시 분명했다.

그러나 이러한 문제는 소위 '기술적' 차원의 과제일 뿐이다. 절차적 쟁점들이 얽힌 일종의 지뢰밭이자 함정에 가깝다. 통일 의지가 아닌 정쟁의 관점에서 접근할 때 과도하게 부각되는 사인이라고도 할 수 있다. 지금 필요한 것은 우선 목표가 남북 관계의 개선인지, 아니면 정쟁인지 분명히 하는 일이며, 보다 대승적이고 장기적인 관점에서 접근하려는 노력이 절실하다.

남북문제, 단계적 접근이 필요하다

남과 북이 만나야 할 이유는 결국 한반도 평화에 있다. 진정한 의미에서의 통일은 그 다음 문제이다. 우선은 남북으로 갈라진 두 사회가 각자 번영과 안정을 누리는 것이 중요하다. 극한으로 몰린 상태에서는 만난다고 해도 서로 여유가 없어 진솔한 대화를 하기 어렵다.

가야 할 길이 너무 멀다. 아니, 예전보다 더 멀어진 느낌도 든다. 하지만 이런 때일수록 서두르지 말고, 조금씩 단계적으로 접근할 필요가 있다.

통일로 가는 길(The Road to Reunification)

남북이라고 하면 당연히 '통일'을 떠올렸었다. 전쟁을 겪은 세대들은 지금도 통일을 의식하면서 더 이상 듣고 싶지 않은 용어가 된 것도 사실이다. 대체로 우리 모두에게 통일이 주는 피로감은 도를 넘었다. 이제 통일은 '계륵'과 같은 일이 된 것 같다. 통일은커녕 서로가 적대국으로 규정하는 것이 현실이다.

그렇다고 남한과 북한이 엄연히 존재하고 있는 상황에서 아예 다른 나라처럼 치부하고 지낼 수는 없는 일이다. 그래서 우리는 남북 관계의 용어부터 정리하고 단계적으로 우리가 해야 할 일과 장·단기 발전 목표를 설정해 보는 일이 유익할 것으로 생각한다.

여기서는 '남북의 경제적 교류' → '사회·문화적 통합' → '남북 체제 통일'로 단계를 구분하고, 각 단계별로 무엇을, 어떻게 할 것인지 이야기해보려 한다.

'통일'은 평화적 통일 또는 무력에 의한 흡수통일과 연합·연방제 통일 등 어떤 형태로든 남과 북 체제를 하나로 합치는 일이다. 분단 이후 지난 80년간 추구해 온 통일의 개념이다. 그러나 현 시점에서 이런 통일의 모습은 이야기하지 않는 게 좋을 것 같다. 원론적인 통일의 의미를 이야기하는 것은 오히려 국민적 관심과 의지를 떨어뜨릴 뿐이다.

지금도 수시로 실시하는 '통일을 원하는가, 원하지 않는가'와 같은 인식 조사도 할 필요가 없다고 본다. 젊은 세대들은 큰 관심이 없는 통일에 대해, 몇 퍼센트가 통일을 원하고, 원하지 않는다고 대답했는지에 의미를 두는 것은 현명하지 않다.

결혼 자체를 하지 않고, 결혼해도 아이만큼은 가지지 않는다는 젊은 층이 무지막지한 북한 사람들을 위해 희생하고 양보해야 하는 통일을 찬성할 수 있을까? 그들에게 50% 이상의 찬성을 기대하는 것조차 이상한 일이다. 또한 의식 조사 결과, 통일 반대가 높으면 통일 의지를 꺾고 북한의 핵 위협에 대처하기 위해 군비 확장에 올인하고, 통일 찬성이 높으면 북한에게 통일하자고 조를 것인가.

통일 찬반에 따라 우리가 나아가야 할 방향을 정할 수는 없다. 통일은 그런 문제가 아니다. 우리에게 절실하게 요구되는 것은, 전쟁의 위협에서 벗어나고, 남과 북이 동반 성장하면서 각자가 평화로운 사회를 이루다가 자연스럽게 한민족으로 통합하는 역사적 수순을 밟는 일이다. 이러한 명제를 젊은 신세대들이 이해하고 뜻을 같이 할 수 있도록 구세대가 설득하는 것이 순리이다.

남북문제를 논하는 것 자체가 우리 자식들에게 전쟁이나 갈등보다는 평화롭고 부유하게 잘 사는 나라를 만들어주고 싶은 바람이다. 지금처럼 대립이 지속되고, 앞으로도 화해와 대화의 물꼬가 없는 한, 전쟁으로 가는 길 밖에 무엇이 있을 것인가. 화약고를 지고 있는 지역에서 일어날 것은 전쟁일 뿐이다. 번영과 평화가 그림처럼 어우러져 있는 스위스 같은 나라에서 전쟁이 일어날 확률은 아주 낮다.

정치권에서든 학계에서든, 통일의 길을 가기 위해 '여기에서, 지금(here & now)' 우리가 할 일이 무엇인가를 진정성을 가지고 공감대를 형성했으면 좋겠다. 이념, 세대, 계층 간 다름이 있더라도 서로가 간극을 좁히려는 노력과 의식으로 함께 공감하고, 함께 통일로 가는 길을 걷는 모습을 보고 싶다.

남북 관계의 평화로운 관계 유지와 통일이라는 미래 목표와는 달리 지금 우리 사회는 우와 좌의 극한 대립이 만연하고 있다. 이는 스스로를 불행으로 몰아넣는 어리석은 행위와 다름없다. 지난 2025년 6월, '통일과 나눔' 재단에서 개최한 컨퍼런스의 타이틀이 '통일이 광복의 완성이다'였다. 이 문구는 지난 80년 세월을 되돌아보게 하는 동시에 앞으로 수십 년간 이어질 고통의 역사를 떠올리게 한다.

통일을 향한 우리의 노력은 결코 과소평가할 수 없다. 어느 한순간 통일을 포기하거나 통일을 저해하는 무력행사나 도발을 하지도 않았다. 그러나 역사는 매 순간 좀 더 현명하고 적극적이고 뜻을 같이해 노력하는 자에게 선물을 안겨 준다. 지금부터라도 어둠 속에서 불빛을 향해 남한 사회가 공동·합심의 노력으로 결실을 맺기를 기대한다. 우발적 역사의 변화는 전쟁이나 갈등의 외부적 발현으로 쌍방 모두를 뒤집어 놓는 비극적 참화가 동반한다는 점을 명심하여야 한다.

정권은 바뀌어도 저마다 통일을 위한 노력을 했다. 박정희 정권에서는 1972년 '7.4 남북공동성명'을 통해 자주·평화·민족대단결 원칙으로 문을 열었다. 노태우 대통령은 '남북기본합의서'를, 김영삼 대통령은 '민족공동체 통일방안'을 마련했다. 김대중 대통령은 2000년 정상회담을 통해 '6.15 공동선언'을 했고, 노무현 대통령은 2007년 '10.4 선언'을, 이명박 대통령은 '비핵·개방 3,000 정책'을, 박근혜 대통령은 '한반도 신뢰 프로세스'를, 문재인 대통령은 '판문점 선언'과 '9.19 군사합의'를 이뤘다. 이 모든 정책이 다 의미가 있다. 폄하하지 말고, 긍정적으로 보면서 이를 경험 삼아 좀 더 현실적 개선방안을 거국적으로 논해야 할 때이다.

통일의 주체는 정권이 아니라 국민이다

통일 정책이 힘을 받고 성과를 내게 하는 것은 결국 우리 국민이 하는 일이다. 아니 바로 나, 즉 개개인 각자가 하는 일이다. 우리 사회의 의식 수준이며 성숙도의 문제이다. 전쟁에 의한 승전물로 얻어지는 통일이라면 모르겠지만 평화적 통일은 사람의 마음이 하는 일이다. 한 사회가 다른 사회를 포용하는 인간적 힘의 우위에서 이루어지는 것이다.

우리는 독일 통일을 계속 거론하면서 우리도 할 수 있다고 한다. 그것은 피상적인 이야기이며 무책임이나 무지에서 오는 생각일 수 있다. 먼저 동독 사회의 성숙도가 서독 사회에 비해 그리 격차가 크지 않았다. 더 큰 문제는 서독 사회의 성숙도와 인간적 포용력은 우리와 비할 바가 아니다. 동독 사람들은 서독 사람들을 신뢰하기 때문에 백기 투항한 것이다. 죽음으로 가는 길이라면 베를린 장벽을 망치로 때려 부수었을까.

통독 이전의 서독과 동독의 교류는 일상화된 형국이었다. 1990년 통일 당시 동독 인구가 약 1,580만 명이었는데, 뤼디거 프랑크(Rudger Frank)[11]가 쓴 저서 『북한, 전체주의 국가의 내부관점』에서 한 해에 거의 1/10에 해당하는 동독 주민들이 서독을 방문했다는 것을 확인할 수 있다.

---

11 뤼디거 프랑크는 69년 동독 라이프치히 출생이다. 어릴 적에 4년간 러시아 거주했고, 1991년 김일성종합대학에서 유학했다, 30년 가까이 매해 북한을 방문해 탐구했다. 저술 당시 오스트리아 빈대학교 동아시아 연구소 근무했다.

"1987년 한 해에만 130만 명의 동독 주민들이 서독과 서베를린을 방문했다. 합법적으로 남한 땅을 여행한 북조선 사람의 숫자는 수십, 수백 명 정도로 적다."[12]

"1949년부터 1989년까지 대략 350만 명의 동독 주민들이 서독으로 떠났다. 그에 비해 1953년부터 2013년 사이에 겨우 2만 6,122명의 탈북자들이 북조선에서 남한으로 갔다. 북조선 주민 수가 동독 주민 수와 비교해서 40% 더 많다는 점을 감안해 상대화하면 이 수치는 의미가 더 크다."[13]

동독에서 물리학을 전공한 안젤라 메르켈(Angela Merkel)은 통일 직후 하원의원, 장관, 당수를 거치며 무려 17년간 총리로서 재임하면서 새로운 위상의 독일을 이끌었다. 우리도 가능할까? 통일이 되면 북한 출신을 지도자로 모실 수 있을까. 우리 사회의 논리에 따르면 빨갱이 취급을 할 가능성이 더 크다.

우리는 통일을 논하기 전에, 이 사회에 만연한 극단적인 사회적 대립 현상을 겸손하게, 진지하게 반성하며 변해야 한다. 말로만 다른 이에게 요구하는 이야기가 아니라 내 자신이 모두가 조금씩 변하지 않으면 행복은커녕 불행한 사회를 후손에게 물려줄 것이다.

우리도 구정이나 추석에 조금씩 주머니를 털어서 북한에 명절 선물이라도 보내는 사회였더라면 지금쯤 북한은 이미 우리의 이웃으로 자리매김했을 수도 있다. 이처럼 과거는 현재의 거울이다. 오늘과 같은

12 뤼디거 프랑크 저, 『북한, 전체주의 국가의 내부관점』, 2014, p352

13 뤼디거 프랑크 저, 『북한, 전체주의 국가의 내부관점』, 2014, p354

분노와 성토의 사회는 미래의 평화를 보장하지 못한다.

탈북민 출신 국회의원은 이러한 일에 앞장서야 하는 것이다. 북한 당사자 아닌가. 북한 비난에 앞장서는 것이 아니라 북한과의 소통에 필요한 입법 활동을 하고 남한 국민에게 호소하는 일을 해야 한다.

'통일을 하여야 하는가'라는 질문에 대해 '역사적 당위성'이라고 답변한다면 더 이상 설득력이 없는 것 같다. 물론 이 답이 가장 기저에 자리 잡고 있는 진실인데도 말이다. 대한민국이 지구상에서 사라지지 않으려면 적어도 같은 DNA, 같은 언어의 한반도는 존속되어야 한다.

그러나 지금은 상황이 바뀌었다. 남한은 세기의 성장을 이루었고, 이제 빈곤한 북한은 더 이상 필요하지 않다는 현실 안주 사회로 변했기 때문이다. 가난한 북한 동포들을 위해 기꺼이 부담을 안아야 한다고 생각하는 사람들은 보기 힘들다.

그러나 여기에 또 다른 역전이 일어나고 있다. 우리가 인정하든 않든, 대한민국의 장래는 비관적인 길로 들어서고 있다는 가설도 많다.

"남한 경제의 미래 전망은 더욱 어둡다. 2025년 5월 KDI의 2041~2051년 경제성장률 전망치는 비관적 시나리오에서 -0.3%였다. 2025년 4월 IMF는 남한의 경제 규모가 2030년에는 세계 15위로 떨어질 것이라고 전망했다.

2022년 12월, 미국 투자은행 골드만삭스는 경제전망 보고서에서 2020년대 2%에서 2040년대 0.8%로 떨어진 뒤 2060년대에는 -0.1%, 2070년대에는 -0.2%로 하락할 것으로 예측했다. 성장률이 마이너스로 떨어지는 나라는 분석 대상 34개 나라 가운데 남한이 유일했고, 그에 따라 2055년 남한의 경제 규모가 세계 15위권 밖으로 밀려나고, 2075년에는 경제규모가 필리핀, 말레이시아, 파키스탄, 방글라데시와 같은 아시아 국가들보다도 작아질 것으로 전망되었다."[14]

"남한 경제는 이미 분단 상태에서 도달할 수 있는 번영의 최고점에 도달했다. 더 정확하게 하락을 시작했다. (중략) 어디에서 돌파구를 찾을 것인가. 여러 가지 처방이 있겠지만, 통일이 유력한 방안의 하나가 될 수 있다. 시각에 따라서는 가장 근본적인 처방이라고 할 수도 있다. 남한 경제든 북한 경제든, 1945년 하나였던 경제가 둘로 갈라지던 순간부터 성장에는 한계가 만들어졌기 때문이다."[15]

이 내용을 종합해보면 한국은 분단 상태에서 성장할 수 있는 최대치에 이미 도달했으며 새로운 돌파구가 없는 한, 남한 경제의 하락세를 막기는 쉽지 않다는 결론이다. 또한 북한 경제는 '폐쇄경제의 몰락'을 경험하고 있으며 지금까지와 같은 폐쇄적 경제운용은 경제를 지속적으로 악화시킬 것이라는 것을 시사하고 있다.

위에 제시된 예상 발표치가 기관에 따른 차이가 있지만, 우리 사회가 인구감소, 노동력 부족, 기후변화에 따른 비용과 빈부 격차 증대 등 중차대한 위기에 들어서고 있다는 신호에도 불구하고 지난날 성공에 도취해 미래사회에 대한 대비책이 부족하다고 느낀다.

---

14 조동호 교수, 『2025 통일과 나눔 광복 80주년 컨퍼런스』 자료집, p122

15 조동호 교수, 『2025 통일과 나눔 광복 80주년 컨퍼런스』 자료집, p126

물론 우리나라가 충분히 이 위기를 다시 기회로 전환하는 신화를 이루기를 간절히 기대한다. 위기를 극복하는 과정에서 우리는 우리 자신을 위해서라도 '통일'이라는 용어를 다시 들여다 볼 필요가 있다. 아주 진지하게 말이다.

'통일을 하여야 하는가'라는 질문에 '예'라고 대답한다면 다음엔 '어떠한 통일을 하여야 하는가'라는 질문에 답해야 할 차례다. 여기에 무슨 이견이 있을 수 있을까. 무력이 아닌, 평화와 협력에 의한 경제적, 사회적, 정치적 통합이 답일 것이다.

결국 '어떻게'라는 질문이 남는다. 방법론적인 대답도 중요하지만 우리의 의지론적인 대답이 필요하다. 인내를 가지고 꾸준히, 똑같은 방법으로, 이기기보다 양보하는 방법으로, 받기보다는 주는 식으로, 정치적 다툼보다는 북한 대중들의 가슴속으로 들어가야 한다. 그랬으면 아마 우리는 이미 통합의 길에 도달했을 것이다.

나는 북한에서 생활하는 동안 북한 주민들이 진정으로 원하는 것을 보았다. 그들은 우리에게 총을 겨누고 싶어 하는 것이 아니라 절절한 도움의 손길을 원하고 있었다. 30년 전 그때, 그들에게 경수로원자력발전소를 완공시켜 주었다면 지금은 밤하늘이 밝을 것이며, 공장이 가동되고, 시장이 생기고, 남한에 제품 팔기를 원했을 것이다. 국민 1인당 소득이 3천 달러, 5천 달러가 되었다면 그들에게 체제는 타도의 대상이 되었을 것이다.

무슨 소설 같은 이야기일까. 돈은 사회를 변화시킨다. 체제를 무너뜨릴 힘은 자본주의 힘에서 나온다. 그들은 남한의 자본과 기술이 없이는 소득 3천 달러에 도달할 수 없다.

'통일은 언제 가능한가'라는 질문에 답하자면 통일의 시기는 요원하다. 십년 아니 어쩌면 더 많은 시간이 필요할지도 모른다. 다만 우리는 '통일로 가는 길(The Road to Reunification)'을 만들어야 한다는 것은 분명하다. 그 길은 남북 경제적 교류(지원)와 사회문화적 통합에서부터 찾아야 한다.

남북 경제적 교류는 결국 쌍방향으로 흐른다

교류란 상호 오고 가는 흐름이다. 그러나 당장 북한과 상호적인 경제교류를 하기란 불가능하다. 결국 초기 단계에서는 어떤 형태로든 한국이 일방적인 지원을 할 수밖에 없다. 이 지점에서 흔히 '또 퍼주기를 하라는 말인가'라는 반응이 나오기 쉽다.

정말 퍼주기에서 끝나는 것일까? 하나의 정책이나 현상을 평가할 때 어떤 관점에서 보느냐에 따라, 즉 긍정적·부정적·중도적 관점에 따라 서로 다른 판단을 내릴 수 있다. 과한 점은 반성하고 용인할 수 있는 부분은 수용하면서 다시 생각해 볼 일이다. 무슨 일이든 새로 시작할 때는 없던 것을 만들어가는 과정이기에 변화이자 혁신이 되지만, 실패하면 범죄가 되기도 하다. 그럼에도 처음에는 무리로 보였어도 계속 하다 보면 개선이 되고 처음 세웠던 목표에 조금씩 다가가는 경우도 적지 않다.

예를 들어 금강산 관광은 처음에는 일방적 지출이고 부당한 투자일 수도 있다. 그러나 오늘날 연휴가 되면 인천공항은 여행객 행렬로 붐빈다. 만약 금강산 관광이 현실화되면 비싼 해외여행 경비를 들이지 않고도 충분히 멋진 관광을 할 수 있다. 강원도 원산을 북쪽으로 이어지는 동해안 백사장을 떠올려 보라. 길고 긴 백사장과 얕은 물가, 투명한 푸른 바다는 남한 어디에서도 쉽게 보기 어려운 천혜의 해변 풍경이다.

개성공단은 또 어땠는가. 개성공단은 우리가 투자하고 북한 주민들이 생산하는 공장이다. 5만 명의 노동자가 아침이면 수백 대의 버스로 출근한다. 과연 누가 일방적 퍼주기라 말할 수 있을까.

개성공단은 '통일로 가는 길'을 잉태하고 있던 곳이다. 그곳은 남한의 기업가도 혜택을 누리고 북한의 근로자도 기아에서 벗어나는 길이다. 이런 이야기를 하면 '뭐? 북한의 근로자가 돈을 번다고? 임금으로 받는 돈으로 핵무기 개발이나 하는 걸 모르냐?' 라는 이야기가 비난으로 돌아온다.

이런 의심을 하면 우리는 한 발자국도 내딛지 못한다. 공단을 폐쇄하고, 남과 북의 모든 문을 닫은 지금도 북한은 계속 탄두 개발을 하지 않는가.

개성공단에는 20만 명 주민의 눈이 있다. 우리 사회만 양심이 있고 남의 동네는 양심을 버리고 사는 세상이라고만 치부해서는 안 된다. 어떤 형태라도 내부는 변한다. 개성공단 같은 곳이 5곳 정도 생긴다면 북한은 이미 자본주의 사회다. 그곳에서 온갖 일이 일어날 것이다. 북한도 독자적으로 공장을 세우고, 우리의 기술과 기계, 원자재를 원하게 될 수도 있다.

우리는 지난 세월 아무 일도 안 한 게 아니다. 다만 이념적, 정치적,

국제외교적 영향으로 우리의 독자적인 노력을 일관성 있게 추진하지 못했을 뿐이다.

처음에는 일방적 흐름이자 희생인 것 같지만 시간이 지나면 결국은 상호작용의 흐름이다. 우리는 막강한 경제적 힘으로 그들의 마음을 열고, 그들 내부 사회를 변화시키는 보상을 받는다고 하면 지나친 생각일까.

통일은 무력, 정치적 합의, 국제사회의 승인과 같은 방식으로 이루어지지 않는다. 결국은 우리 국민의 힘으로, 북한 주민의 희망으로 방아쇠가 당겨져야 한다. 그렇게 되어야 통일이 힘을 받고 성공할 수 있다.

현실적으로 북한의 용납할 수 없는 핵 개발은 국제적 경제 제재를 불러오고, 우리도 외견상으로는 북한과 어떠한 교류도 불가능하다. 그러나 우리의 '통일로 가는 길'과 경제적 제재가 상충한다면 우리는 또한 그 해법을 찾아야 한다. 두 개의 길을 다 극복해야 한다. 그러기에 평화로운 '통일로 가는 길'은 어려운 과제인 것이다.

제재를 우회하는 길은 없을까. 심지어는 제재를 제재로 받아들이지 않을 수는 없을까. 모든 길을 다 제재하는 일이 과연 우리 민족에게 유리한 일일까. 먹는 길이라도 풀어줘야 하는 건 아닌가. 이스라엘은 언제 100% 국제법을 존중하며 자국을 지켰는가. 하늘과 땅에 길이 있고, 대륙과 3면의 바다에 길이 있다. 긴급 구호가 있고, 종교적 인류애의 길이 있다. 교회와 성당과 사찰의 성도들 힘만 모은다면 북한 경제 하나 살리는 일은 어렵지 않다. 다만 우리가 그럴 생각이 없고, 남한 사회가 그 길을 택하지 않을 뿐이다.

지금의 남북 분단이 중국, 러시아, 일본 심지어 미국이라는 나라의 국익에 반한다면 과연 그들이 우리를 이렇게 영구 분단된 상태로 내버려 둘까? 한반도가 동서 진영의 완충지역으로 샅바 싸움의 대결장 역할을 하는 현실이 안타깝기만 하다.

나는 북한에 근무하는 동안, 또 몇 차례 서울과 평양을 오가면서 북한을 방문한 많은 미국 동포들을 목도하였다. 긴급 의료지원진들도 만났고, 친지 방문으로 사촌이나 조카를 만나고 가는 길에 망연자실하는 모습들도 보았다. 미국에서 성공한 스티브 김 회장이 소도시 일원에서 복합적인 지원활동을 하고 있다는 이야기도 들었다.

이러한 지원활동이 오직 소모적이고 감내하기 어려운 일만은 아니라고 생각한다. 만나야 하고, 보내야 하고, 국내외 채널도 이용해야 한다. 세계 첨단의 기술력을 가진 최강국의 반열에 있는 우리가 못할 일이 어디에 있겠는가. 한글이 많은 나라로 확산되고, K-컬처가 선진 서방국을 압도하지 않는가. 왜 조국의 앞날에 결정적인 변수가 될 남과 북의 만남에 소극적이어야 하는지 수긍이 안 된다.

많은 탈북민들이 해외에서 국제기구의 초청을 받아 북한의 인권탄압 실태를 규탄하는 연설과 집회에 참석한다. 그 모습을 보고 많은 사람이 그들의 용기에 찬사의 박수를 보낸다. 탈북민들은 그 대가로 한국에 와서 유명인사가 되기도 한다. 탈북민들로 하여금 북한의 인권탄압을 규탄하게 하는 기본적 의도는 분명하다. 북한의 인권실태를 낱낱이 세계에 고해 북한을 더욱 고립시키려는 것이다. 하지만 북한이 지금껏 굴복하거나 회개해 인권을 개선하는 효과가 있었는가. 다분히 국내 정치적 수사(rhetoric)는 아닌지 돌아볼 필요가 있다.

만약 탈북민이 인권탄압을 규탄하는 대신 유엔 연설장에서 죽어가는 북한 동포들을 살려달라고 호소하면서 국제적 구호를 요청하고, 일정한 형태의 제재는 유보해 달라고 하였더라면, 오히려 전 세계가 공감했을 것이라는 생각이 번번이 들었다.

얼마나 좋은 기회인가. 세계만방에 식량 구호를 외치는 편이 오히려 더 호소력 있지 않을까. 같은 민족이 동족을 도와달라고 하는 일이 외국인들에게 책잡히는 일일까? 아니면 설득력이 있는 일일까? 쌀 한 톨이 인권규탄보다 북한 사회를 변화시키지 않을까. 대한민국은 쌀이 남아돌아 감산 정책을 쓰고도 남으니 그중 일부를 북한 동포들에게 전해 달라고 호소하면 국제적 웃음거리가 될까? 북한 주민들은 한 손에는 우리가 보내주는 쌀을 들고, 다른 손에는 핵무기를 들고 우리를 마냥 위협하기만 할까.

목숨을 걸고 전도하라는 사명은, 목숨을 걸지 않고도 진심으로 그들에게 직·간접적 사랑을 전할 때, 그 자체로 진정한 전도가 이루어지고 북한 사회를 변화시키고도 남을 것이라는 생각이다. 그래서 나는 사랑으로 전도한다. 200년 전 외국의 선교사가 대한민국에 입국해 자기들은 잘 먹고 잘 입으면서 오직 성경 말씀만 외쳐 됐다면 불같은 하나님의 성령이 일어났을까.

우선 북한 사람들이 먹고 사는 문제를 해결한 다음에야 북한의 노동력을 사고, 남한의 제품을 파는 경제적 교류가 가능할 수 있다. 남한의 2023년 국민총소득(Gross National Income)은 약 3만4천 달러로,

이는 북한의 2023년 국민총소득 추정치인 약 1천2백 달러의 거의 30배에 달한다.

남한 경제(GDP) 규모의 2.5%에 해당하는 재원, 즉 북한의 현재 경제력만큼 북한에 퍼부어진다면 북한은 빈곤에서 벗어나고 대지에서 싹이 트며, 마음이 변하며, 체제가 도전받는다.

우리 사회 2.5% 경제력이 일시적으로 북한으로 유입된다고 해서 남한이 결정적인 타격을 입지는 않을 것이다. 오히려 반사적인 '한반도 리스크'가 줄어들고, 국제 신인도가 올라가고, 국내 증시가 프리미엄을 받게 될 것이다. 어느 나라가 남한이 북한과 경제적 교류를 한다고 해서 남한을 평가절하할 것이며, 투자금을 회수할 것이며, 우리 민족에 손가락질할 것인가.

'죽으면 살리라'는 말은 남북문제에서도 하나의 해법이 될 수 있겠다는 생각을 하게 한다. 우리는 그 속에서 상호협력의 힘을, 평화의 길을, 통일로 가는 빛을 볼 수 있을 것이다. 물방울이 바위를 깨트린다. 파도는 바위를 모래로 만든다.

깊은 통찰력을 가진 것은 아니지만, 적어도 남북한 사이에 경제적 간격이 줄어들면 통일 가능성이 높아진다는 생각에는 소신을 가지고 있다. 여기에 더해 북한 주민들이 국민소득 1만 달러 시대에 산다면 굳이 통일을 강조할 필요도 없다. 그 경우 우리는 북한으로부터 필요한 지하자원 등을 구매하게 될 것이고, 북한 주민들 역시 우리의 K-컬처에 열광하게 될 가능성이 크다. 경제적 풍요 속에서도 북한이 핵무기를 등에 업고 죽기 살기로 우리를 위협할 이유도 점차 사라질 것이다.

사회 · 문화적 통합은 남과 북의 동질성 회복이다

"고약한 운명이 아닐 수 없다. 한반도의 분단, 핵, ICBM, 유엔 제재가 핫이슈로 연일 세계 언론 프론트 페이지에 오르는 한반도의 긴장 상황.

하지만, 이런 위기와 갈등의 와중에서도 문화는 논해져야 한다. 결국은 하나의 민족이라는 피의 논리로써 이 명제는 존중되어야 한다.

인간만이 지닌 정신력의 향유, 성찰. 그러나 성찰은 인류공동체의 아픔에 접목되지 않는 한 허구다. 허구에 발을 헛디디지 않기를 기원하며 집필했다. 핵과 대륙간 탄도미사일, 가난과 폐쇄, 이런 단어로 대표되는 국가인 조선민주주의인민공화국의 문화를 논하면서 이 단어들이 지닌 무게를 어깨에 지고 사색해야 했던 지난 6년은 무척 비감한 시간이었다. 비감의 치맛자락을 수채화 물감이 퍼지듯 풀어헤친다. 반드시 한반도는 평화롭게 자리 잡을 것이라는 기원과 희망을 안고 한반도 문화유산의 일부가 될 평양미술을 논한다."[16]

미국 교포 화가가 저술한 북한 미술에 관한 책 서문의 글이다. 이 글에서 '문화'라는 단어 대신 '통일'이라는 단어를 대입해도 그 뜻이 절실하다. 남과 북의 경제적 교류가 활성화되고, 북한 사회가 생존의 차원을 극복하면서 긴 분단의 간극을 좁히는 과제는 우리가 통일로 가는 선행과정이다. 민주·자유주의 체제의 남한과 공산·독재 체제의 북한이 물리적 결합을 넘어서 화학적 결합을 하기 위해서는 충분한 시간이

16 문범강 저, 『평양미술, 조선화 너는 누구냐』, 2018.3, (주)서울셀렉션 p11

필요하고 또 남과 북 모두 비슷한 수준의 성숙도가 필요하다.

현실적으로 우리가 지금 경험하는 일이다. 3만5천 명의 탈북민을 통해 '통일 연습'을 하고 있다. 결코 쉬운 일이 아니지 않는가. 어쩌면 떨어져 있었던 시간만큼의 연륜이 필요하고, 교육, 문화, 종교 및 도덕적 수준의 동질성 확보는 더 어려운 일일 수 있다. 그렇기 때문에 우리는 하루도 미룰 수 없는 숙제를 심각하게 인식하고, 진솔하게 접근하는 자세를 견지해야 한다. 이 또한 괘씸한 북한 집단을 위하는 일이 아니고 우리 자신의 미래를 위하는 길임을 인정했으면 좋겠다. 위에 언급한 문범강 작가가 평양을 오랫동안 방문하고 그곳에서 북한의 미술을 연구하면서 민족이라는 피의 논리에서 한반도 평화를 기원하는 비감함을 우리도 체험하는 시간이 있어야 한다.

사실 독일이 통일되는 과정에서 경제적 교류는 그리 심각하거나 어려운 일이 아닐 수도 있었을 것이다. 통합 당시 동독 경제 수준은 서독의 60% 수준으로, 격차가 그리 크지 않았기 때문이다. 지금 북한의 경제 규모는 남한의 2.5% 수준이니 독일과는 비교가 안 된다.

경제적 교류를 통해 격차를 줄이는 일 자체도 엄청나게 큰 난제임이 분명하다. 거기에도 얼마나 긴 시간과 에너지가 소모될 것인가. 통일 후 동서독이 안정적인 통합을 이루기까지 30년 가까이 걸렸다고 한다. 경제적인 통합을 넘어 사회적, 문화적 이질성까지 통합하는 데 걸린 시간으로 보인다.

북한 동포들의 잠재적 성장력과 재능은 우리와 큰 차이가 없다 할지라도 현실적으로 지금의 이질성과 격차는 매우 크다. 경제적 격차가 해소되면서 사회적 격차는 급격히 줄어들 것이다. 하지만 교육 격차에서 오는 문화적 차이는 더 오랜 시간이 걸리는 과제다. 전화기와 컴퓨터도 더 보급되어야 하고, 자동차 공장도 세워져야 한다. 전 세계로 확산되고 있는 K-컬처도 스며들어야 한다.

지금 평양의 젊은이에게 핸드폰이나 컴퓨터, 심지어 K-팝도 더 이상 낯선 것이 아니다. 기회만 주어지면 이러한 문화적 욕구는 아래로부터 빠르게 분출될 것이다. 유엔에 의한 경제 제재가 해제되면 북한 사회는 급격히 변화할 것이다. 우리는 북한 사회의 개방과 발전을 도와야 한다. 많으면 많을수록, 빠르면 빠를수록 우리의 안정을 도모하는 데 큰 도움이 된다.

왜 북한의 성장을 두려워하는가. 두려워할 일은 오직 핵 개발 문제일 뿐이다. 단계적이든 일시적이든 북한의 비핵화 조치는 우리 모두가 어떠한 대가를 치르더라도 이루어야 할 과제이며, 동시에 남북 교류와 만남의 기회를 넓히는 길일 것이다.

비핵화 과제는 단순히 핵 개발을 멈추게 하는 데 그치지 않는다. 복합적인 차원의 합의가 필요하며, 그들의 요구를 일정 부분 수용하는 조치도 뒤따라야 한다. 해결의 열쇠를 쥔 남한이 보다 대승적인 관점에서 지속적으로 두드리고, 문을 열고, 손을 내밀며, 필요한 것은 덤으로라도 얹어줄 수 있는 아량을 우리 사회가 먼저 보여줘야 한다. 핵폭탄으로 버티는 것은 자기들에게 살길을 열어 달라는 의미이다.

잘 되든 안 되든, 모든 일의 성패는 결국 우리에게 달려 있다. 우리 밖의 어떤 세력도 우리를 대신해 나설 이유는 없다. 외부 세력이 해 줄 수 있는 일은 우리가 추진하는 방향에 동조하거나, 최소한 방해하지 않는 것뿐이다.

남북의 사회·문화적 통합은 결국 남과 북의 동질성 회복이다. 지적 능력의 격차 역시 경제적 불평등만큼이나 심각한 문제다. 북한의 극단적 폐쇄성과 억압적 체제는 인간이 자유롭게 사고하고 활동할 수 있는 환경을 허용하지 않는다. 사회적 교류가 제한되고 문화가 형성될 기반이 부족하다 보니 지적 역량의 발달도 어려웠다. 현재 우리가 직접 접촉하기 어려운 상황을 고려할 때, 북한의 관광사업을 더욱 개발해 중국과 러시아 관광객을 통한 문화 개방이라도 대폭 확대하면 좋을 것 같다.

결국 큰 틀에서 미·북 핵 협상이 타결되어 북한이 개혁·개방의 길로 나아갈 수 있는 기회를 마련하는 것이 무엇보다 절실하다. 그렇게 된다면, 안전이 보장되는 범위 안에서 우리 국민이 북한을 관광할 수 있는 길도 열리기를 기대한다.

과거 여러 차례 시도되었던 스포츠 교류 역시 다시 추진할 필요가 있다. 북한에도 우리와 경쟁 가능한 수준의 종목들이 존재한다. 탁구와 축구는 물론이고, 세계적인 역도 선수도 배출하고 있다.

유엔 제재의 틀 속에서도 가능한 교류의 틈새를 찾아 전략을 세워야 한다. 특히 종교계와 국제구호단체는 인간의 존엄과 권리라는 인류 보편적 가치를 바탕으로 지속적으로 문을 두드릴 수 있는 중요한 통로가 되어야 한다.

어떠한 상황에서도 인도주의적 차원에서 일정한 원조와 지원, 그리고 최소한의 교류가 가능하도록 만드는 일은 우리가 할 일이다. 우리는 내부의 방향과 태도를 재정립해야 하며, 북한에게도 명분을 주어야 한다. 나아가 유엔과 미국을 비롯한 동·서방 국제사회에도, 한국이 끈질기게 밀어붙인 끝에라도 우리가 원하는 구상들이 실현될 수 있도록 환경을 조성해야 한다. 이러한 노력이 축적된다면 한반도에도 마침내 평화의 서광이 비칠 것이다.

핵무기 앞에서 우리는 작아진다

북한 핵에 관련한 정보나 개발 과정에 대해 우리가 독자적으로 아는 바는 별로 없다. 오직 외신이나 외부 학자들의 몫이다. 1998년에 발간된 외신기자 돈 오버도퍼(Don Oberdorfer)의 저서 『두 개의 코리아(The Two Koreas: A Contemporary History)』라는 책에서 북한 핵 개발 초기에서 1994년 제네바 합의까지의 내용을 상세히 소개한 바 있으나 이제는 구문이다. 1장에서 소개했던 시그프리드 헤커 박사의 저서 『핵의 변곡점: 핵물리학자가 들여다 본 북핵의 실체』가 북한의 핵무기에 대해 가장 정확하고 상세하게 소개한 책이며, 미국 내에서도 가장 큰 영향력을 가지는 소중한 자료이다.

내가 접해온 북한 핵 개발 과정 관련 서술 가운데, 위의 두 저서만큼 현장에 뿌리를 둔 깊이 있고 객관적인 내용을 보여준 사례는 많지 않았던 것 같다. 국내에서 출간된 여러 저서를 살펴보면, 심지어 북한 고위 외교관 출신 탈북민이 쓴 책에서조차 그 두 저서에서 나온 내용의 이상도 이하도 아니라는 인상을 받는다. 미국의 대북 핵문제 해결 방식 역시 결국 미국 내부의 정치적 상황과 환경에서 자유로울 수 없음을 확인하면서, 그 접근의 구조적 한계 또한 보게 된다.

김일성 시대부터 이어져 내려온 핵 개발 의지는 외줄타기식 외교와 북한 사회의 심각한 인권 희생을 초래하며, 오늘날 우리에게 극복하기 쉽지 않은 위기를 만들었다. 그러나 그 속에서도 해법의 실마리는 존재한다. 북한 역시 전쟁을 목적으로만 존재하는 사회가 아니며, 핵 개발 또한 생존을 위한 선택이자 결국 더 나은 삶을 향한 의지의 표현일 것이다.

우리 역시 궁극적으로는 북한 주민이 잘 살아야 한다고 믿는다. 어쩌면 두 사회가 지향하는 최종 목표는 의외로 같은 방향일지도 모른다. 바로 그 지점에서 우리는 해법을 찾아야 한다.

북한의 핵무기 공격 위협 앞에서는 '교류', '통합', '통일'이라는 단어는 아무런 힘을 쓰지 못한다. 남한의 평화론자에게 핵무장 카드를 들고 나오면 아무런 대책이 없는 듯하다. 오히려 평화론자를 현실 감각이 부족한 감상주의자로 치부하거나 동조 세력으로 몰아버린다. 이런 상황에서 평화론자가 무슨 말을 할 수 있을까. 핵폭탄 하나만으로도 우리 사회를 초토화할 수 있다는 사실은 우리의 사고 자체를 마비시키는 힘을 가진다. 소형 핵폭탄 두 발로 일본이 무너지고 해방을 맞이했던 역사적 경험은, 그 위협을 더욱 실감하게 만든다.

핵무기 위협은 바로 우리의 현실이다. 아무도 이 사실을 가볍게 여길 수 없을 것이다. 그렇다고 아무 대책도 없이 그냥 김일성 3대 세습 정권을 악마화하며 대치만 하고 있는 것도 현명한 대응은 아니다. 복잡하게 꼬인 타래를 하나씩 풀어나가는 집단지혜가 필요하다. 핵 위협 앞에서 우리가 두려워만 하면 오히려 그들에게 오만과 오판을 부추기는 꼴이 될 수도 있다.

정말로 우리 사회가 할 수 있는 전략적 대책이 없을까. 아주 유치하지만 4단 만화로 풀어보았다.

북한에는 벌거벗은 사람만 있는 건 아니다. 북한의 땅속에는 막대한 지하자원이 묻혀 있다. 우리는 그것을 함께 나누어야 한다. 지금 우리는 더 잘 살기 위해 미국에 수천억 달러, 수조 원을 투자한다. 그렇다면 우리 모두가 위기에 처하기 전에, 수십억 달러나 수천억 원 정도는 북한에 과감히 투입해볼 수 있지 않겠는가. 미국에 대한 투자가 '번영'을 위한 선택이라면, 북한에 대한 투자는 우리의 '생존'을 담보하기 위한 선택이다. 무엇을 아끼겠는가. 우리의 우선순위는 어디에 있어야 하는가.

북한의 핵 개발 과정을 남의 일처럼 담장 너머로 지켜보면서 비난하고, 서방세계에 제재를 요청하는 일 외에 우리가 한 일은 무엇일까. 미북회담에는 뒷전이고 6자회담 정도라야 멤버로 자리를 메운다. 우리가 한 일은 별로 없는 듯하다. 우리 주도로 무엇을 했는지 기억에 없다. 죽고 사는 것은 우리인데 말이다. 우리는 북핵문제에서 우리가 차지하는 지분이 얼마나 되는지조차 알지 못한다.

분명한 것은 우리는 밤낮으로 정좌를 하고 북한에 대치하는 당사자로서 우리가 할 일을 연구·개발해야 한다는 것이다. 북미회담으로 길을 찾는다 해도 어차피 사후에 지불해야 할 부담은 우리가 지는 것이지 미국이나 중국이 지는 것은 아닐 것이다. 나는 이해가 가지 않는다. 언제까지 우리가 보고만 있어야 하는지, 그러면서 나중에 책임과 부담은 다 우리가 져야 하는지.

북한의 핵무기 위협에 대한 해법도 결국은 남북의 경제적 교류와 사회·문화적 통합으로 풀어야 한다. 별도의 처방이 있는 것은 아니다. 들고 있는 핵무기를 녹아내릴 해법이 필요하다.

남북통일 이전에 남남 갈등 해소부터

한반도의 미래를 이야기하기 전에, 먼저 우리 내부를 돌아봐야 한다. 남남 사회의 갈등과 대립은 통일 논의의 발목을 잡는 가장 큰 장애물이다. 보수와 진보, 강경과 화해, 자유민주주의와 사회주의 사이의 끝없는 대립은, 전쟁과 핵 위협 앞에서 아무런 힘도 발휘하지 못한다. 지난 수십 년간 반복되어온 흑백 논쟁은 이제 그만할 때다. 통일의 문을 열기 위해서는, 먼저 우리 내부의 균열을 치유하고 서로 손을 잡는 길을 찾아야 한다. 남남 갈등의 해소야말로 진정한 통일의 출발점이다.

개인의 득실에 얽매이지 않는 것이 시작점

김영삼 정부 시절인 1994년 10월, '북·미 제네바 기본합의'가 체결된 것을 계기로 북한 경수로원자력발전소 건설이 1997년 시작되었다. 이후 김대중·노무현 정부 10년 동안 남북 화해 분위기 속에서 경제협력과 교류가 활발하게 진행되었다. 돌이켜보면, 그 시절이 우리 남한 국민이 북한을 가장 활발히 방문하고 교류할 수 있었던 시기였다.

그러나 이후 문은 다시 닫히고 말았다. 금강산 관광 중단과 개성공단 폐쇄 이후 우리는 북한을 직접 방문할 수 있는 기회를 완전히 상실했다. 방북 허가증 발급으로 분주했던 통일부 창구가 문을 닫은 지도 어느덧 오래된 일이다.

이렇게 남북 관계가 경색된 책임은 모두 북한 정권의 폭력적이고 군사력 확장에 기인한 것으로 여기고 있다. 여기에 우리 사회의 중대하고 쉽게 해결할 수 없는 이분법적 이념 논쟁도 남북문제를 어렵게 만든다. 매사에 '모 아니면 도' 혹은 '냉탕과 온탕'의 구도로만 다뤄졌다. 지난 80년 대북 관계 역사가 보여주는 현실이다.

하지만 이제 우리는 더 이상 이러한 대립 문제를 안이하게 반복할 수 없는 시점에 와 있다. 전쟁은 한반도 어느 한쪽의 승리로 끝나는 것이 아니라, 한반도 전체의 공멸을 의미한다. 핵 보유를 선언하고 군사적 우위를 주장하는 북한을 앞에 두고, 우리 사회가 남남 갈등으로 계속 분열하는 것이 과연 바람직한지, 냉철하게 고민해야 할 때다.

통일과 소통의 문제를 두고, 학계에서는 이미 오래전부터 남북 대립의 해소 이전에 남남 갈등의 해소가 선결과제라는 의견이 공통적으로 제시되고 있다. 그만큼 우리 사회는 고질적인 내부 병폐를 안고 있다. 사회 구성원들이 의견을 좁히고 뜻을 같이하지 않는 한, 한반도 역사의 발전을 기대하기 어렵다. 통일부 장관이 바뀔 때마다 통일 정책이 바뀌는 현실은 이를 잘 보여준다.

북한 정권은 변함없이 지속되는 반면, 남한 정권은 주기적으로 교체되며 국민의 여론도 변화한다. 북한의 시각에서 보면, 남한 사회는 모순되고 변덕스럽게 느껴질 수 있을 것 같다. 북한과 대치하고 있으면서 수시로 싸우자고 했다가 얼마 지나면 화해하자고 나온다. 통일을 하자는 건지 아닌지 의아할 수도 있다.

이렇게 남한 내부에서 서로 맞서는 모습은, 본질을 외면한 채 진영 논리에 매몰된 결과가 아닌가 자성할 필요가 있다. 더 이상 다툴 이유가 없다. 우리는 평화를 원한다. 전쟁은 큰 대가를 치르더라도 피해야 하며, 평화는 값비싼 비용을 들여서라도 지켜야 할 소중한 자산이다.

이 거대한 물줄기를 누가 바꿔야 하는가. 정답은 간단해 보인다. 언제나 국민을 위한다고 노래 부르는 정치인과 정책을 집행하는 공무원들이다. 하지만 과연 이들이 답일까? 많은 이들은 아마 "아니오(No)!"라고 답할 것이다.

그렇다면 다음은 누구인가. 학계, 종교계, 이념 단체에서 영향력을 가진 사회의 리더들이다. 그들은 스스로 힘이 있다고 믿고 있으며 실제로도 영향력을 행사한다. 그들 중 누가 통일을 반대한다고 말하는가. 그러나 정작 이들은 자신이 속한 집단을 굳건히 지키며 우리 사회 전체를 움직이지 못하게 만드는 경우가 적지 않다. 오늘의 경색된 남북 관계의 책임이 이들에게 일부 있는지도 모른다. 그들은 혹시 역사의 가해자가 아닌지 스스로 물어야 한다.

시민이 힘을 행사하려면 집단이 필요하지만, 리더는 한 사람만으로도 사회를 움직일 수 있는 힘이 있다. 종교 단체도 마찬가지다. 어느 신앙이 죽어가는 북한 동포를 외면하라고 가르치는가. 힘을 가진 자는 성찰이 없으면 오만해지거나 자기 집단 방어에 그치기 쉽다. 잘못을 보지 못하는 경우도 생긴다. 지금은 이들의 과감한 방향 전환이 필요하다. 어떠한 이론이나 설교보다 행동으로 시민을 이끄는 모습을 보여야 한다. 행함이 없는 믿음은 믿음이 아니다.

그다음은 시민이다. 대한민국 현대사의 변화는 결국 시민의 몫이었다. 정치인을 뽑고, 리더를 인정하고, 예배당을 채우는 것도 시민이다. 남남 갈등의 해소를 요구할 힘도 시민에게 있다. 시민이 리더들의 분열에 편승하지 않고, 힘을 모아야 할 때다.

그러나 시민이 언제나 한마음인가? 그렇지 않다. 우리 시민사회도 치명적인 약점을 안고 있다. 각자의 이해관계가 판단을 좌우하는 경우가 많기 때문이다. 우리는 '나'라는 욕구를 숨기기 위해 '우리'라는 집단 뒤에 숨는다. '나는 통일 비용을 부담하기 싫다'는 등의 개인적 입장을 '우리'라는 집단에 스며들어, 네편 내편으로 다투면서 하루하루 넘어가고 있지 않는가 물어볼 때다. '내 부담이 있더라도 남한 사회의 장기적 추락을 막기 위해 적극적인 교류를 지지하자'는 관점으로 생각해 보면 어떨까.

그리고 선거를 통해 남남 갈등을 조장하는 세력은 과감히 도태시키고, 변화에 요지부동인 리더는 더 이상 리더로 인정하지 않는 사회적 기준을 세워야 한다. 이것이 우리가 만들어야 할 새로운 정치문화이고,

남남 갈등을 넘어 통일을 준비하는 첫걸음일 것이다.

정치적 소신과 통일 신념은 분리하자

사실 정치적 소신과 통일 찬반의 신념을 분리해서 생각하는 일은 결코 쉽지 않다. 우리는 시험을 치르듯 이론적으로 구분하고 결론을 내리며 살아갈 수 있는 존재가 아니다. 게다가 정치적 소신의 대립이 점점 첨예하고 과격해질수록, 이성적 사고는 더욱 어렵게 된다.

그럼에도 이제는 남북문제에 접근할 때 대체로 중도적 위치를 잡고 뜻을 함께하는 노력이 필요한 시점이다. 더 이상 지체하거나 완강히 거부하는 태도는 대한민국 발전에 방해가 될 뿐이다.

사실 정치권이 주도하는 남남 화합 노력은 파급력과 실현 가능성, 지속성 측면에서 가장 효과적일 수 있다. 그러나 정파적 사고에 갇혀 그 역할을 충분히 발휘하지 못하는 현실은 우리를 안타깝게 한다. 국민이 오히려 정치권을 염려해야 하는 아이러니, 그것이 바로 지금의 현실이다.

당장 할 수 있는 일을 시작해야 한다

우리가 할 일을 진지하게 찾아보면 당장이라도 할 수 있는 일이 많다. 항상 우리는 안 되는 이유를 먼저 앞세우고, 특히 오늘날은 유엔 제재로 할 수 있는 일이 하나도 없다고 한다. 그러면 언제까지 기다릴 것인가. 어느 한 시절, 우리에게 좋은 여건과 환경이 있었던가. 용기 있는 자가 세계를 움직인다.

우리 사회가 남북 관계는 개선되어야 한다는 데 기본적으로 의견을 같이 한다면, 어떠한 길로든 북한과 만나야 한다고 생각한다. 직접 만나보고, 가서 보고, 물자를 주고받으며, 함께 운동하고, 밥도 같이 먹는 경험이 필요하다. 정상 간 왕래와 악수까지 이루어진다면 그야말로 금상첨화일 것이다.

국내외적으로 복잡다단한 정세와 북한의 현실을 보면, 나의 생각이 얼마나 실현되기 어려운 일인지 잘 안다. 큰 틀에서 이러한 난제들이 해결될 기미는 아직 보이지 않는다.

그럼에도 우리가 할 일은 따로 있다. 역설적이지만, 아무리 국내외 정세가 꼬여 있어도, 통일의 당사자인 남한과 북한 동포가 뜻을 같이한다면 누가 막을 것인가. 만남은 우리가 하는 일이다. 또한 우리 자신의 안전과 풍요를 위해 해야 할 일이기도 하다.

우리가 자랑스럽게 여기는 이야기가 있다. 한때 원조를 받던 국가에서 이제는 전 세계를 돕는 나라로 탈바꿈했다는 사실이다. 한국국제협력단(KOICA, Korea International Cooperation Agency)은 1993년 설립 이후, 2023년까지 총 174개국에 약 99억 달러의 무상원조를 제공하며 대한민국의 대외 원조를 책임지고 있다. 그런데 지금처럼 어려움에 처한 국가가 북한만큼 많을까. 이제는 KOICA를 통해서라도 북한을 지원할 수는 없는 것일까.

북한은 우리가 버려야 할 카드가 아니다. 2025년 7월 17일, 통일과 나눔 재단에서 열린 '통일은 광복의 완성이다' 컨퍼런스에서는 정치, 경제, 문화 세 분야의 학자들이 한결같이 통일을 미래 한국의 생존 과제로 강조했다. 오랫동안 같은 생각을 가지고 있는 나는, 그 발표문을 보며 남북문제가 이제 국내에서 심각한 논의 단계에 접어들었음을 실감했다. 이제 우리는 언제 어디서든, 누구와 무엇이든 만나고 주고받으며 민족의 동질성을 회복해야 한다는 생각을 하게 된다.

'민주평화통일자문회의(이하 민주평통)'라는 기관이 있다. 단순히 존재하는 것이 아니라, 대한민국 헌법기관으로서 통일 정책 자문과 건의, 국내외 여론 수렴, 통일 관련 국민적 합의 형성을 주요 기능으로 한다. 자문위원 수는 국내외를 합쳐 2만 명을 넘어 명단 관리만 해도 쉽지 않을 정도다. 웬만한 소도시 인구와 맞먹는다.

이론적으로 보면, 매우 이상적인 구조이며 이 기관이 소임을 다한다면 다른 조직이 필요 없을 정도다. 그러나 정부기관이라는 속성상 현실에서는 제 기능을 충분히 발휘하기 어려운 상황도 존재한다. 헌법기관이니 폐지될 위험도 없고, 1991년 창립 이후 벌써 44년 동안, 연 인원 88만 명의 위원이 통일을 위해 고민하고 봉사했을 것이다. 그런 민주평통이 있으나 마나 한 기능에 그치고 있다면 헌법 개정은 언제쯤 가능할까.

서울에 있는 대안학교에서 봉사할 당시에, 통일부에서 나이가 좀 있는 사람이 봉사한다고 기특하게 여겼는지 추천을 해 주어서 민주평통 자문위원이 된 적이 있다. 2년 단위로 3번을 임명받았다. 열심히 하고 싶었는데 제대로 기능을 하지 못했다.

위원이 된 후 교육이 있다 해서 회의에 참석했다 소속 지자체 의회 의원을 만난 적이 있다. 예전에 함께 근무하던 동료였는데, 악수하며 인사말을 건넸다.

"선배님, 관운이 좋으시네요. 축하합니다."

"어……, 출세?"

봉사를 하는 자리라 생각했는데, 마치 출세했다는 말로 들려 기분이 묘했던 기억이 있다.

관변 단체보다는, 사회의 소위 리더들이거나 남북문제에 진지하게 고민해 온 인사들이 주도하는 사회운동이 필요하다. 10대부터 80대까지, 남녀와 경제적 조건을 불문하고 모두가 참여해 남남 갈등을 좁히고, 통일에 대한 긍정적 사고로 수렴시키는 운동이 잔잔하지만 울림 있는 사회를 만들어갈 수 있기를 바란다.

왜 이런 움직임이 중요한가. 앞서 언급했듯, 우리 사회에 만연한 젊은 세대들의 결혼 비율 감소와 출산 기피가 시대적 흐름인 것처럼, 통일에 대한 무관심 또한 사회적 트렌드의 일부일 수밖에 없다. 따라서 남북문제에 대해 사회 전반적으로 진솔하고 거시적인 관심과 논의의 흐름이 형성되어야만, 자연스럽게 통일에 대한 긍정적 인식으로 이어질 것이다.

돈도 중요하다. 정부 차원에서 '남북협력기금'이라는 국가적 교류협력 및 통일 기반 조성 자금이 존재한다. 그러나 나라 돈으로 운영되는 만큼 비탄력적일 수밖에 없고, 사용 용도도 제한적이다. 따라서 현실적인 민간 차원의 재원이 마련될 필요가 있다.

우리 사회는 다른 사회에 비해 건강한 종교인층이 탄탄하다. 교회, 성당, 사찰 등에서 헌금함 외에 통일기금함을 마련하고, 10원, 100원

동전이나 천원 지폐 한 장씩만 넣는 자발적 운동을 시작해 보자. 모인 기금은 공신력 있는 민간단체에서 저축은행을 통해 보관하고, 남북 교류 사업의 재원으로 활용할 수 있다. 자칫 교파간의 협의가 불가능하거나 개별 중심주의 선교통일에 몰입하는 현실을 감안하면 범국민적 기금이 어떤 형태로든 만들어져야 힘을 발휘할 수 있을 것이다.

IMF 위기 극복 경험이 보여주듯, 사회적 운동을 통해 국민이 마음을 모으면 큰 성과를 낼 수 있다. 남북문제를 일상 속으로 끌어들이는 이런 움직임이 필요하다. 나 역시 사명감과 열정을 가지고 이러한 기관의 구성원으로 봉사할 각오가 되어 있다.

궁극적 통일은 그들의 동의에 있다

남북 관계를 개선하기 위해서는 우리가 먼저 범사회적 합의를 이루고 내부 역량을 강화해야 한다. 그렇게 기반을 다져 나간다면, 그 다음 단계로 남북 간 경제적 협력과 사회문화적 교류의 길을 열어갈 수 있다. 이를 위해 가장 현실적인 출발점은 '조용한 국민운동'이라고 생각한다.

시민사회와 종교계의 성도들이 앞장서서 십시일반 기금을 모으고, 북한 사회를 지원하는 활동이 이루어져야 한다. 그 흐름을 대한민국의 막강한 산업체와 문화인들이 그 역할을 이어받을 수 있을 것이다. 전 세계의 어느 나라가 이런 역량을 가지고 있는가. 하늘과 땅과 바다를 통해 통일 전도사로서 행군한다면 우리 사회가 먼저 변하고 그 다음에 북한 사회가 변하게 될 것이다. 이 길은 결코 현실성 없는 꿈이 아니라, 충분히 실현 가능한 길이다.

앞에서 누누이 강조했듯이, 우리가 이 목표를 설정하고 한 걸음 한 걸음 나아갈 때 대한민국 번영과 민족 통일 과업이 이루어질 수 있다. 여기까지가 우리가 할 일이다. 그러나 이 과정 자체가 정말 어렵다.

북한 독재정권의 정치적 패륜이나 동포들의 무기력함, 그리고 국제 정세의 복잡한 셈법 등 어느 하나 쉽게 풀 수 있는 여건은 없다. 이런 상황에서 우리만 '착한 샌님'이나 '범생이'처럼 이 길을 걸어갈 수 있을까?

결국 선택지는 두 가지다. 외부 세력의 힘에 떠밀려 가는 길이냐, 아니면 우리 스스로 선택한 의지로 추진하는 길이냐이다. 분명히 후자이어야 한다.

이 일이 이루어지지 않는다면 우리의 운명은 지금과 크게 다르지 않을 것이다. 남한은 번영과 자유를 누리지만, 동시에 북한의 핵 위협 속에서 전전긍긍하는 상태가 지속될 것이다. 이 불안정한 균형이 영구히 지속될 수만 있다면 그 또한 하나의 길일 수 있다. 그러나 북한 주민이 굶주림과 고통 속에 놓여 있고, 핵문제와 유엔 제재로 한계에 몰린 북한이 이 상태로 버틸 수 있을 것이라고 보기는 어렵다.

북한은 어떤 선택을 할까? 아마 조용히 굴복하며 자멸하는 길을 택하지는 않을 것이다. 대신 북한은 서구사회의 압력에 맞서 핵무기를 지렛대로 삼아 협상에 나설 수 있다. 그것은 우리에게도 바람직한 해법이다. 평화적 공존이 가능하기 때문이다. 하루 빨리 그 시간이 오기 바란다. 북한이 개혁·개방의 길로 들어서 경제를 회생시키고, 자본주의 요체를 받아들이는 사회가 되길 바란다. 겉으로는 중·러·북 밀착으로 힘을 모으는 듯 보이지만, 그 길의 연장선에서는 결코 북한은 회생할 수가 없다. 북한은 결국 우리를 만나야 한다. 그래야 살 수 있다.

우리는 '통일'이라는 단어는 입 밖에도 내지 않고, 묵묵히 그러나 단호하게 우리가 할 일만 하자. 체제와 이념 논쟁이 끝난 게 언제인데 아직까지 빨갱이 핑계로 상대방을 비난만 하고 핵무기 개발을 달구경하듯이 쳐다보고만 있는 건 아닌지 다시 생각해 보자. 우리도 핵무장을 하자라는 주장이 일견 담대한 구상처럼 보이나 현실적인 가능성과 득실을 따져 솔직한 방향을 정해야 한다. 핵무장이 근본적인 대응책은 아니다.

대신 우리는 다양한 비군사적 수단을 통해 대응 역량을 배가해야 한다. 육·해·공의 경로를 활용하고, 국제기구와 해외동포들을 연결하며, 신앙과 선교의 힘, 식량 지원, 관광, 그리고 사회주의 국가를 표방하는 북한의 동질적 국가들과의 접촉을 통해 북한을 만나야 한다. 북한을 원조하고, K-컬처의 상징을 확산시키며, 가능한 방법을 끊임없이 모색해야 한다. 무엇이 가능한지, 어떤 길이 있는지, 어떤 제도와 법이 이 길을 가로막고 있는지를 치열하게 연구해야 한다.

이 모든 움직임은 결국 북한 사회 속으로 스며들 것이다. 첩첩산중 소나기 내린 뒤 안개가 마을을 덮듯, 서서히 그러나 분명하게 퍼져나갈 것이다. 전술과 전략은 군대에만 필요한 것이 아니다. 우리의 통일전선에도 반드시 필요한 지략이다.

중국 공산당이 대장정을 통해 내전에서 승리할 수 있었던 것은 혹독한 희생에도 불구하고 가는 곳마다 인민의 민심을 얻었기 때문이다. 이 사실은 우리에게도 커다란 암시를 주는 일이다. 민심은 천심이 된다. 그 민심이 북한 주민 곁에 머물 때, 그들은 언젠가 스스로 우리 곁으로 올 것이다.

책속 부록

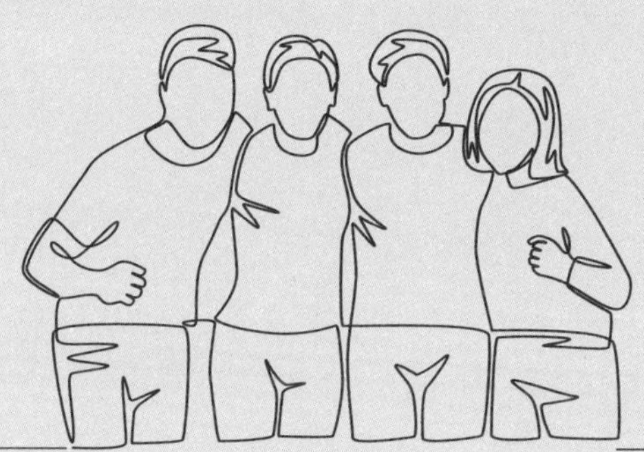

'자세히 보아야 예쁜' 아이들

1. 해솔학생의 시

해솔학교에 재학 중일 때 수업시간에 작성한 학생들의 시 3편을 소개한다. 그들의 마음이 오롯이 담겨 있다.

기다려라 고향아

진달래 붉게 피는 내 정든 고향 집에
어머니와 동생 두고 이 몸은 떠나갑니다
사랑하는 내 고향아! 압록강의 푸른 물아!
그 언젠가 다시 만날 수 있을까
뙤약볕 비치는 무더운 여름날이면
늘 뛰어들던 내 고향의 그리운 압록강 푸른 물아
기다려라 고향아! 압록강 푸른 물아!
통일의 날 우리 서로 감격과 기쁨 나누자

– 자작시 이○일 학생(18세, 2019년 단신 입국)

저자 설명

어린 몸으로 홀로 이곳에 온 이 친구는 하나원 출소와 동시에 해솔학교에 입학하였다. 고향에 대한 그리움이 사무친다. 빨리 돈을 벌겠다고 대학 진학을 하지 않고 기초교육만 마치고 사회에 나가 지금은 실내장식 하도급 일을 하며 자립하고 있다. 하지만 다시 공부하고 싶다고 해솔학교에 다시 오겠다고 한다.

그리움의 고향

나 홀로 어둠에 깃든 창밖을 보니
그리운 고향의 못 잊을 추억들이 떠오르는구나
아~가고 싶어도 갈 수 없는 고향 땅 그리운 사람들
나도 모르는 사이에 눈굽은 축축이 젖어 들고
마음은 찢어지는 듯한 아픔에 몸부림을 친다

내가 힘들고 외로울 때면 항상 나에게
힘을 주고 용기를 주던 친구들
서로가 갈 곳 없는 고아들이어서
누구보다도 설움도 많았고 정도 많았지만
성격도 꼴통이어서 다툼도 많았던 친구들
하지만 한잔 술에 모든 설움과
시름을 털어 넣고 철없는 아이처럼 좋아 웃던
어두운 골목의 초라한 주막집도 있었지

그리고 인간의 궤도에서 벗어나
사람 아닌 사람으로 살던 나에게
친누이와도 같은 사랑으로 다가와
따뜻한 손길로 나를 이끌며 인간의 궤도에 세워 준
내 인생의 잊지 못할 그녀
그 자그마한 손을 잡고

미래를 꿈꾸며 행복에 젖어 함께 걷던 오솔길
과연 그 시절은 다시 올 수 없을까
아~ 미치도록 보고 싶다 그리운 사람들

언젠가 나도 갈 수 있고 그들도 올 수 있을까
지척에 고향을 두고 갈 수도 없고 만날 수도 없구나
언제면 갈 수 있으려나 내 고향 땅아

아 ~ 한반도를 갈라놓은 저 장벽은 무정도 하구나
오랜 세월 형제들을 갈라놓고
서로에게 냉기를 뿜는
저 분단의 장벽은 언제면 무너지고
오랜 세월 그리움과 눈물로 그리던 고향으로
통일의 기쁨을 안고
그 언제면 고향 땅으로 가랴!

– 자작시 ○성○ 학생(23세, 2020년 단신 입국)

저자 설명

남한에 입국하자마자 가족에게 송금하려고 택배 일을 하다 빚을 지고 방황했지만, 다시 마음을 다잡아 지금은 간호대학 3학년에 재학 중인 청년이다. 3년 전 강화도 마니산에서 힘들어하는 나를 위해 나뭇가지로 지팡이를 만들어 주던 따뜻한 친구였다. 그가 학교를 떠났을 때 나는 돌아오기를 바라며 그 지팡이를 사무실에 두었고, 이제 간호사가 되는 날 그에게 돌려줄 예정이다.

햇빛 아래 솔잎들(해솔학교)

이른 새벽 숲속을 걷는 이
바늘잎 소나무 그 냄새 너무 상쾌해
오래도록 멈춰 서서
그 냄새 폐부에 들이 마시며 취한다
어디서 풍겨오는 바람인가

향기 그으윽한 냄새, 바람 흐흠···
깊이 숨을 들이키며 조용히 두 눈을 내린다
자연의 청정함, 아름답게 우짖는 새소리
너무나도 당연한 듯한 이것들···

다시 한 번 눈을 들어 보아도 파란 바늘잎
그 사이로 비쳐드는 밝은 빛줄기
솔잎 끝 초롱초롱 맺힌 이슬방울
하늘을 다 담고 반짝 반짝···

이슬은 떨어지고 햇볕에 증발하여 수증기가 되고
다시 구름이 되어 비가 되어 그 잎을 적시고
작은 냇물을 만들고, 강물을 이루고
거대한 바다로 흐르는구나

– 자작시 김○(28세, 2019년 모친, 형과 입국)

저자 설명

해솔학교를 햇빛으로, 공부하는 학생들을 솔잎으로 표현하여 쓴 자작시이다. 2020년 해솔학교에 입학하여 여러 개의 기술 자격증을 취득하고, 성실하고 우수한 능력으로 직장에서도 신뢰를 받고 있다. 이 친구를 처음 만나는 순간, 나는 선뜻 이 친구에게만은 4년제 대학을 가라고 권하였다. 한동안 고민한 후 그는 기술을 배우겠다고 했다.
빛의 속도로 자격증을 따고 서울에 있는 회사에 취직해 결혼도 했다. 벌써 2명의 자녀를 출산해 이름까지 지어서 보냈다. 주말에는 아르바이트도 하고 밤에는 통신대학에서 공부해 이미 졸업을 마쳤다. 이런 친구들은 걱정할 이유가 없다. 선생님 건강하시라고 명절 때마다 메시지를 보낸다. 고맙다.

2. 해솔학생 인터뷰

〈해솔학교 설립 10년사〉 자료집에 수록되어 있는 졸업생 인터뷰 기사를 전재한다. 한국에 온 지 11년 만에 해솔을 거쳐 대학을 졸업하고 취업하여 이제 본인의 가정을 꾸려 대한민국에 새로운 뿌리를 내리고 있는 오여○○아 군의 이야기다.

"해솔직업사관학교는 저에게 기회의 땅이었습니다"

맞춤형 대안학교 해솔을 만나다

저는 2014년 여름 최상준 교육부장님의 권유로 해솔에 들어오게 되었습니다. 해솔에 와서 받은 인상은 멀티융합형 대안학교 같다는 것이었습니다. 학업이면 학업, 기술이면 기술, 하고자 하는 의지만 있다면 어떤 교육 플랫폼도 다 제공해 주셨습니다. 학교에서 제공해 주는 교육이나 서비스를 잘 습득하고 이용하다 보면 사회에 나가 적응하는 데 경쟁력이 생김과 동시에 기회의 장이 될 수 있다고 생각했습니다. 저의 목표는 대입이었는데, 해솔에서 배웠던 맞춤교육과 선생님들의 희생정신이 저에게 많은 영향을 미쳤고 그로 인해 목표한 대학에 합격할 수 있었습니다.

편협한 생각을 부수고 올바른 습관을 기르다

대학 생활을 정말 알차게 보냈던 것 같습니다. 학기에는 공부에 전념했고, 방학 중엔 해외 활동도 여러 번 했습니다. 그리고 스스로에 대한 많은 고민을 했던 시간인 것 같습니다. '나는 왜 대학생이 되고 싶었는지', 그런 고민을 하다 보니 나처럼 진로에 대한 고민을 가진 친구들이 많이 있겠다는 생각을 하게 됐고, 취업도 이와 관련된 일을 하고 싶었습니다.

그런데 막상 취업을 하려니 면접이 쉽지 않았습니다. 저의 편협한 생각에 면접관들과 다투는 일이 잦았습니다. 조금 실패를 맛보고 김영우 교장선생님께 조언을 구했더니, "겸손해라" 그리고 "스스로 성장하기를 습관화하는 사람이 돼라"라고 말씀해 주셨어요. 이후 의식적으로 나를 낮추는 연습을 많이 하면서 나의 성장에 도움이 되는 일을 찾아 하나씩 공부하였습니다. 그 결과 교육 관련 기업 5곳에서 연락이 왔고 현재 제가 원했던 곳에 입사하여 교육 컨설턴트로 일하게 되었습니다.

한국 사회에 스며들어 가다

감사하게도 2020년 8월에 결혼을 했습니다. 저는 가정을 꾸리고 남한에서 살아간다는 의미를 '스며든다'로 표현하고 싶어요. 그냥 한국 사람화되는 것이 아니라 있는 그대로의 '나'를 사회에 잘 스며들게 하는 것이죠. 사회인으로 사회적 책임과 가장으로서 가족공동체의 책임을 가지고 성숙하게 살다 보면, 자연스럽게 한국에 스며든 저를 발견할 수 있을 것 같습니다. 더불어 해솔 후배들도 한국 생활에 잘 적응할 수 있기를 바랍니다. 학교에서 제공해 주는 교육이나 서비스는 나에게는 기회였고 잠재력을 깨워준 원동력이 되었습니다. 필요한 건 '의지'만 있으면 됩니다. 해솔은 그런 의지를 가진 사람들에게 기회의 장소가 되어 줄 것입니다.

3. 해솔학생의 생애사 연구

해솔학교에서는 학생들이 입학하면 우선 신체적 건강을 진단하고, 정신적으로 얼마나 안정적인지 살펴보면서 그들이 살아온 생애의 이야기를 대담형식으로 나누는 시간을 가진다. 그 시간을 통하여 먼저 본인들이 길지 않은 삶의 여정이지만 복잡다단한 경험들을 정리하며 심리적 안정을 구하는 기회를 가지며, 동시에 학교에서는 그들을 이해하는 가장 기본적인 자료로 보존하는 생애사 연구이다. 그중의 한 자료를 본인의 동의를 받고 이곳에 수록한다.

인터뷰 대상 : 김○성

인터뷰 일시 : 2016년 5월 14일 (토) 10:00~11:00

전사 일시 : 2016. 5. 20.

A : 선생님(김○○ 교수)

B : 학생(김○○)

A: 전반적으로 어떤 내용을 이야기 할 것이냐면·····,

북한에서 살다가 제3국을 거쳐서 오는 과정까지 어떤 경험을 했으며, 북한에서 살면서도 꿈이 있었을 테고, 탈북해서 여기 와서도 '나는 나름대로 이렇게 살고 싶다' 하는 꿈도 있을 테니까. 먼저 북한에서의

꿈도 이야기 해주고, 그리고 한국에 와서 어떻게 변했는지 찬찬히 이야기해 봅시다,

먼저, 탈북 해서 이곳에 올 때는 몇 살이었어요?

B: 6년 전, 19살이었어요.

A: 19살이면 북한 교육 시스템에서는 몇 학년쯤이에요?

B: 중학교 6학년 까지 다 졸업하고요. 1년 정도 더 있다가 왔어요.

A: 그러면 여기서는 고등학교 졸업한 것과 똑같은 거네요.

B: 네.

A: 그러면 중학교 6학년 마칠 때까지의 포부는 뭐였어요?

B: 하고 싶었던 거요? 어릴 때는 가족하고 같이 있는 것을 선호했어요. 같이 있는 시간이 많지 않아서. 또 다른 건 없었던 것 같아요. 직업에 대해서 중학교 졸업하다 보니까 직업에 대해서 많이 고민하고 있던 시기였는데, 어머니가 '남쪽에 가자' 해서 이렇게 왔거든요.

제가 강원도에서 태어났는데 한 10살 때 어머니가 장사 다니셨거든요. 그 때 많이 헤어져서 1주일에 1번 보고 또 장사 가고. 어머니가 한 번 짐을 다 잃어버려서 중국으로 갔거든요. 한 1년 정도. 그때 집에 오기로 했던 어머니가 안 오고, 아버지도 어머니가 벌어온 돈으로 먹고 살다 보니까 먹을 게 없어서 그때부터 학교도 못 다니고 개인 생활을 많이 했어요.

동생하고 나는 장사하고. 시장에 가서 봉지 같은 거 파는 게 있어요. 그런 거 팔면서 자기 밥 챙겨 먹고. 그러다가 어머니가 잡혀서 감옥에 있다가 나와서 12살 때 엄마와 중국에 갔는데, 중국 대련에서 6개월 정

도 있다가 한국 오려고 하다가 잡혔거든요. 그때 처음으로, 중국 12살 때 들어와서 깜짝 놀란 거죠. 불이 24시간 있다는 것도 생각도 안 하고 있었는데 그건 당연한 거고 경제적으로도 사람들이 너무 잘 살고.

북한에 잡혀 나가면서 감옥에 들어갔는데 깜짝 놀랐어요. 처음 들어오는 사람들을 옷 벗기고 검사하고 이러는데 충격이었고 감옥 좁은 방안에 열 명씩 앉혀놓고 움직이지도 못하게 놔두니까. 그때 북한이라는 것을 생각해본 것 같아요. '이 사회가 다른 나라에 비해서 못 사는구나' 하고.

두만강 쪽 사람들은 밀수나 몰래 장사하면서 중국 정보를 가지고 들어와서 어느 정도 알거든요. 그런데 강원도 쪽 사람들은 잘 몰라요. 국경하고도 떨어져 있으니까. 북한 내부 뉴스가 다거든요. 충성심도 강해요. 저희가 중국 갔다가 잡혀 오니까 '나라를 배반하고 외국에 도망쳤다가 잡혀 왔다' 소문이 나서 학교도 옮겼거든요.

A: 그러면 12살 때 갔다가 다시 강원도로 온 건가요?

B: 네 다시 왔어요. 저희 고향은 원산으로 되어 있어서 원산으로 가고 어머니는 청진으로 후송되었어요.

A: 각자 고향으로 가는군요?

B: 네. 보위부에서 심사 다 마치고.

어머니는 청진으로 가서 친척들이 뇌물 쓰고 감옥에서 나와서 다시 중국으로 갔다가 또 잡혀서. 그때 아버지는 어머니하고 이혼한 상태였거든요. 중국 가면서 이혼 안 하면 가족 처벌로 들어가요. 그래서 이혼하고 잡혀도 아무 관계가 없게끔 갔는데, 어머니가 아버지보고 장가가서 살라고 했어요. 안 맞는 것 같으니까 각자 살자 해서. 아버지는 어머니가 중국 갔지 하니까, 계모라고 오셨는데 새엄마하고 사이에서 스트레스 많이 받고 하니까 동생하고 저하고 둘이 항상 같이 있었는데 그러고 2~3년 있다가 어머니가 중국에서 또 잡혀 왔어요. 그때는 4번째로 잡혀 가지고 교화 갔거든요. 교화소라고 정치부 수용소 다음으로 조금 센 데인데, 아버지가 어머니 죽었다고 생각하고 그냥 살라고 해서, 그때 14살부터 전 막 나간 거 같아요.

우리는 부모님도 없다 생각하고 저희는 밖에서 많이 자고 그러면서 사는데 어머니가 한 2년 만에 왔어요.

강원도에선 너무 소문도 안 좋고 그래서 청진으로 아예 가족이 이사했어요. 거기서 19살 때까지 3년 정도 살았는데, 어머니가 '한국에 갈까? 같이 갈까?' 어머니 입장에서 저희 생각하면 군대 가서 10년 고생하다가 죽을지도 모르고 북한 사회에서 살게 하고 싶지 않았던 것 같아요. 어머니가 우리에게 남쪽으로 먼저 가라고 하니까 서울에서 저희를 데려오는 이모들이 저희를 별로 안 좋아했어요.

어머니만 이모들이 오라고 했거든요. '내가 너 돈 대줄 테니까 네가 와서 돈 벌어서 너 자식들 데려와라' 그래서 우리 어머니가 가기로 했었는데 저희 어머니가 자기 넘는 날에 저희를 넘겼어요. 강제로 그냥. 와서 사연을 다 알게 됐거든요. 올 때는 그냥 저희 돈 다 대주는 줄 알았는데 어머니가 자기한테 올 돈을 저희한테 다 투자한 거죠. 어머니가 저희 그냥 강제로 넘기고 전화한 거예요. 자기 자식들 이미 두만강 넘겼으니까 책임져 달라고. 이모들은 할 수 없이 그냥 놔둘 수는 없고 그래서 데려왔어요.

A: 그러면 학교 다닐 때 나는 커서 뭐가 하고 싶고 그런 얘기는?

B: 할아버지가 무역을 하다 보니까 할아버지에 대한 로망이 있었어요. 나도 할아버지처럼 장사 잘했으면 좋겠다. 북한에선 장사라고 하거든요? 사람들 관계도 잘 갖고.

A: 할아버지하고는 만난 적 있어요?

B: 할아버지가 저희 아버지랑 형제가 4명인데, 아버지 4형제들 자식 중에서 저희를 제일 예뻐했거든요. 할아버지가 외국 갔다가 오기만 하면 저희하고 같이 있었어요. 그런데 저희 12살 때 러시아 갔다가 사고 나서 뇌 수술했는데 그게 잘 안돼서 돌아가셨어요.

A: 그러면 북한에서는 어떻게 하면 장사를 할 수 있는 건가요?

B: 원래 사회적으로는 장사를 하는 게 허용이 안 되는데, 정부가 스스로 시민들 먹여 살릴 수 없으니까 시장을 개방했는데 그게 정부에서 관리를 해요. 하는데 조금 자유롭게 할 수 있어요. 시장 자리도 사고팔고 할 수 있고, 그 자리를 사서, 하고 싶은 장사를 하고 대체로 파는 제품은 중국 제품들이고 그 가운데 회사들이 하나씩 있어서 그 사람들이 중국에서 물품 구입해서 시장에 뿌리고 시장 사람들은 그걸 또 붙여 먹고 하는데 그게 제가 하고 싶었던 장사에요.

A: 어떤 것을 사고팔면 '이게 많이 남겠다.' 해요?

B: 수리 쪽이요. 북한에서는 수리. 아버지가 시계 수리를 했어요. 어머니가 중국을 가고 그 때 아버지가 한 일이 시계 수리였는데 10년 넘게

했죠. 나는 봉지를 100원에 3개 사서 1장 당 100원에 팔고 다녔어요. 학교는 중학교 3학년까지 다니고 배고프니까 다니는 둥 마는 둥 하면서 다녔어요,

A: 집 형편이 그래서 장사를 하고 싶다는 생각을 한 거네요.

B: 네. 12살 때 중국 갔다 와서 북한이 점점 싫어지는 거예요. 그때부터 조금씩 관심 가지고 보니까 뉴스도 하나밖에 없고 채널도 재미없어지고 또 강원도에서 계속 살다가 16살 때 이사하면서 강원도에 수력발전소를 건설했는데, 강원도 시민들한테 정부에서 거짓말을 한 거예요. 시민들 동원해야 하니까 '여기에 여러분이 동원해서 이 발전소가 다 완공되면 전기를 24시간 주겠다'고 해서 시민들이 싹 동원돼서 3년인가 동안 하다가 저희는 끝나기 전에 청진으로 이사했는데 보도에서는 강원도 시민들이 24시간 전기를 보고 있고 고기도 먹고 있다고 나왔어요.

A: 그게 어디에 나오는 건데요?

B: 뉴스 보도에요. 북한 뉴스요. 나와서 그 뉴스 끝나고 6개월 뒤에 원산으로 갔어요. 갔는데 하루에 2시간, 4시간 주는 거예요. 밥할 시간 때마다. 그 때 '아 보도도 믿을 게 못 되는구나' 그 다음부터 보도도 잘 안 보게 됐고요.

계속 CD를 사서 그걸로 중국 드라마나 한국 드라마 보고 보고 했어요. 보도를 그 다음부터 통 안 봐서 모르겠어요.

A: 그러면 북한에서 일단 나가면 어떤 생활이 펼쳐질 거라고 생각했던가요?

B: 그때 생각은요. 그냥 한국에 오면 일단 한국 드라마처럼 집도 큰집에서 살 것 같고 돈도 힘들지 않게 벌 것 같고 행복의 시작일 줄 알았어요. '내가 편한 대로 하고 싶은 거 하면서 살 수 있겠구나' 생각하고 왔는데, 한국에 와서 버스 타고 국정원까지 가면서 든 생각은 너무 잘사는 나라구나, 차도 많고 또 국정원 건물이 예쁘게 잘 꾸며졌어요. 그래서 '아 이제 나가면 집이 더 멋있겠다.' 이렇게 생각을 하고 있었고 근데 정작 하나원 나와서 거리에 뒷골목 딱 가보고 이게 내가 생각했던 한국하고는 다르구나. 그때 알았고요.

나와서 고등학교를 한겨레 고등학교라고, 제가 아버지도 안 오고 미성년자니까 기숙사 있는 학교로 저희를 보내 줬어요. 거기서 3년 동안 있었어요. 학교 프로그램에 너무 철도 없었고 그냥 좋았어요. 밥도 잘 주지, 수업이 너무 많았어요. 그걸 다 따라가야 하니까 공부에 신경을 많이 안 쓰고 동아리, 체육하면서 3년 동안 놀았어요. 고등학교 2학년까지는 조금 하다가 3학년 들어가서 멘붕이 왔어요. 이제 사회에 나가야 하고 대학 가야 할지 취업할지 상담 받고 12년도에 학교 졸업하고 저는 바로 취업했거든요.

A: 한겨레 고등학교 졸업하고?

B: 테그호이어 시계회사에 엔지니어로. 아버지가 시계 수리하던 게 먹혔어요. 면접에서 '아버지가 시계 수리 10년 했습니다' 바로 취업 됐거든요

저는 초보니까 전자시계 약 갈고 청소하고 방수 책임지고 하다가 6개월 하다가 처음 사회생활이어서 그런지 진짜 힘들었어요. 신경 쓰

지 말아야 할 것까지 신경 쓰면서. 막 '저 사람이 나를 어떻게 생각할까?' 질문 하나도 '저 사람이 나에 대해서 선입견을 가지고 있지 않나' 이런 생각. 별난 생각을 다 가지고 있으면서 그때 연평도 사건인가 그것까지 터지면서 '어떻게 생각해?' 이런 질문하면 그냥 편하게 말해도 될 걸 혼자서 생각하다가 '저 사람이 이런 걸 왜 나한테 물어보지?' 그것까지 힘들어서 6개월 만에 그만뒀어요. 22살이다 보니까 주위에 다 30대 넘은 사람들이고 그래서 '내가 나이가 너무 어리구나. 내가 여기 있으면 안 되겠다' 하고 그냥 사직서 내고 나왔어요. 나와서 반석학교라고 교회에서 운영하는 대안학교가 있었는데 그 학교로 갔어요. 갈 데 없으니까 일단 갔어요.

A: 아, 그런데 너희 둘만 한국에 왔는데 어머니는 어디에 계세요?

B: 어머니가 한국 오다가 또 잡혔어요.

A: 언제, 그때가 몇 살. 몇 년도?

B: 제가 한국 와서 1년 후에요. 그러니까 2011년이네요

A: 그럼 한겨레 고등학교 다닐 때?

B: 네. 한겨레 고등학교 다닐 때 어머니하고 통화 딱 1번 했거든요. 그리고 나서 어머니가 한국 오다가 잡혔다고 했는데 그때는 6번째 잡힌 거라 정치부 수용소 가서 지금은 소식도 잘 몰라요. 5년 됐는데 소식도 모르고 저도 이모들한테 물어보지도 않아요. 어머니를 되게 따랐어요. 저희가 어머니를 너무 따르고 어머니하고 오래 있지 못해서 그런가. 어머니도 저희에 대해서 미안하게 생각하는데 그거에 대해서 표현을 많

이 하셨어요. 계속 내가 너희와 같이 있어야 하는데 하면서 울고, 앉으면 그 얘기만 계속해서 어머니를 너무 따르고 안쓰럽게 생각했어요. 북한에서 고생하고 감옥에서 오래 있었으니까 고문 너무 많이 받아 가지고 갈비도 석 대가 부러져서 없고 이러거든요. 힘도 못쓰고 하니까 걱정 많이 되는데, 정작 또 여기 와서 살다 보니까 어머니에 대한 생각도 자주 할 시간도 없고 해봐야 너무 슬퍼지고 하니까 자주 안 하거든요.

A: 그럼 반석학교에 가서는 그 이후는 어떻게 했어요?

B: 거기서 1년을 생활하다가 총신대학교 신학으로 갔어요. 2014년에 갔거든요. 14학번으로 가서 6개월을 공부하다가 도저히 자신감이 없는 거예요. 거의 신학과 애들은 신학대학원 쪽으로 다 기울어 있는 거예요. 점점 현실에 대해서 많이 생각한 것 같아요. 내가 신학과 졸업해서 취업해도 이게 나한테 취업 쪽엔 도움이 안 되겠구나. 그리고 도저히 그쪽으론 자신도 없었고.

그래서 바로 휴학하고 측량 알바로 9개월 동안 알바 갔다가 다시 전기 포설하는 노가다 일을 했어요. 그냥 건물에다가 전기선 다 연결해주는 거예요.

그 생활을 9개월 하다가 지금 여기로 온 거예요. '공부 해야겠다' 하고. 나이도 있고 해서 '한 번만 더 도전해 봐야겠다' 마음먹고 해솔학교에 왔어요.

A: 한국 가면 이렇게 살 것이다 생각했는데 살아보니까 어떻게 달라요?

B: 음. 그러니까 북한에서는 꿈을 크게 꿀 게 없어요. 내 집안 환경에

맞춰서 있는 돈 가지고 장사를 하고, 먹고 살 걱정만 하면 됐거든요. 단순하게. 가족하고 같이 있는 것 그게 다였는데 여기 오니까 사람들이 다 꿈을 꾸잖아요. 목표가 있고 그 꿈을 향해서 이루고자 하는 것 때문에 공부도 열심히 하고 그러니까 저도 점점 꿈이 생기는 거예요. 저는 단순하게 생각하면 노가다도 행복한 거죠. 북한에 비하면. 노가다도 돈 많이 주고 북한보다 훨씬 많이 주고 먹을 것도 걱정 없고.

A: 더 힘들지 않아요? 오히려?

B: 더 힘들죠. 아~ 먹고 사는 면에 있어서요? 똑같아요. 북한도 먹고 사는 데는 전투에요. 완전 너무 힘들어요. 여기 오면 '조금 북한보다는 낫겠지' 하고 왔는데 너무 힘들어요. 살아가기가

A: 어떤 게 제일 힘들어요.

B: 내가 가질 수 있는 직업에 대해 가지고 고민을 많이 하게 되고요. 일하는 건 다 힘드니까 이 점은 수긍했고요. 무슨 일을 하던. 그런데 직업에 관해서는 영원한 게 없으니까 회사 다녀도 잘릴까 말까 하니까 고민이 더 많아졌다고 해야 하나. 19살 땐 단순했는데 여기에는 일해야 하지, 그 일도 경쟁사회다 보니까 실력이 없으면 바로 잘리고 내가 생각했던 한국이 아니었죠. 한국 오면 그냥 단순하게 잘 먹고, 잘 살 줄 알았는데.

A: 북한에서 나올 때는 막연하게 '가자' 라고 생각했다고 하는데, 와서 때로는 엄청 큰 장벽에 부딪히고 절벽같이 막막하고 그럴 때 있잖아요. '제일 힘들다' 라고 느낄 때가 언제에요 남한 와서?

B: 그게…, 살아가는 건 다 어디서든 살아가니까 별로 생각은 안 해 봤

고 장벽이라기보다는 사회에 나와서 에요. 진출해서 일하면서 느꼈던 게 '아 진짜 돈 버는 게 힘들구나.' 그다음에 이게 경쟁사회라는 게 너무 저한텐 부담감이었어요. 북한에서 많이 못 배운 데다 너무 애들이 실력이 좋은 거예요. 내가 이걸 따라갈 수 있을까 지금도 걱정되고요. 너무 힘들어요. 뒤쳐져 있다 보니까 자신감은 항상 있는데요, 이걸 따라가려면 진짜 힘들겠다는 생각.

A: 한겨레나 반석학교 다닐 때는 배울 때니까 이거 배워서 나가서 뭐 해야지 하는 생각은 어떤 걸 했어요? 한국 사회도 옆에서 좀 봤고 '내가 이런 걸 더 배워서 하고 살면 좋겠다' 이런 거

B: 저는 사회복지요. 사회복지로 봉사하면서 살고 싶다는 생각했거든요. 돈 많이 버는 것보다 좀 모여 있고 싶고 '사람들하고 소통하는 직업이 좋겠다' 해서 직업상담 선생님한테 '저 사회복지 이런 재단 같은데 취업할 수 없어요?' 하고 물어봤더니 선생님이 딱 잘랐어요. 월급도 많지 않고 그냥 거기 가지 마라. 제가 또 설득당한 거죠.

A: 누구한테 어디 있는

B: 한겨레학교에 있는 선생님한테 했는데 '그냥 돈이나 많이 버는 데로 취업해라' 해서 그때 테그호이어로 갔는데 그때는 고등학교 땐 사회복지 쪽에 관심이 항상 많았고 취업해도 나눔 재단이나 이런 데 있으면 항상 가고 싶었어요. '그쪽에 가서 봉사하고 그러면 좋겠다' 생각했었는데 아버지도 힘들어하고 혼자 있고 하니까 고민이 많이 돼요. 근데 항상 하고 싶은 건 정해져 있죠. 상담사나 사회복지사나 이렇게. 교사는 나중에 생각하고요. 그때는 상담사나 사회복지학과. 지금도 하고 싶

고 한데, 상담해보고 알아보고 하면 이 직업에 내가 이걸 가면 막막하다고 생각하고, 하고는 싶은데 너무 시간이 많이 걸리고, 하다가 포기하면 도루묵이 되고 그래서 고민하고 있어요. 나이도 있다 보니까.

A: 사회복지하고 기술은 전혀 다른 분야인데 이 두 개를 같이 고민하는 이유가 뭐가 있나요? 사회복지하고 교육은 약간 비슷한 면이 있어요. 사람을 가르치고 잘 되게 하고 그런 면이 있는데 그거랑 기술은 전혀 다른데

B: 맞죠. 전혀 관계없는데요. 어디까지나 사회복지나 교사는 하고 싶은 거예요. 기술 쪽을 가려고 한 거는 내 현실을 바라본 거예요. 내가 돈을 벌어야지 이거 두 개가 만약 안 되면 기술이나 배워서 안 없어지는 오래가는 기술 배워서 돈이나 벌면서 살아야지.

A: 기술도 해 봤지만 쉽지 않다는 걸 느꼈잖아요. 그런데 또 기술을 선택한 거예요?

B: 그래도 자기 기술을 하나 배워놓으면 덜 힘들거든요. 그런데 내가 갔던 건 아무 기술 없이 할 수 있던 거니까 어떤 면에서 힘만 쓰던 일. 그래서 힘들었는데, 그 현장에서 기술 있는 사람들을 봤거든요. 그 사람들은 많이 힘 안들이고 돈을 많이 벌어요. 기술이 있다 보니까.

A: 여기 해솔학교는 어떻게 알게 됐어요?

B: 친구가. 민석이가 있어요. 민석이가 있는데 그 애가 여기 먼저 왔거든요. 제가 한참 일하고 있는데 여기 학교 되게 좋다고 여기 와보라고 해서 저도 일하면서 생각하고 있었어요. '이렇게 기술도 없이 이런 일만 하면 안 되고 뭐라도 조금 배워서 취업이라도 해야겠다' 하는 찰나

에 민석이가 여기 학교 있다고 오라고 해서 그래서 오게 되었어요.

A: 여기서 얼마쯤 됐어요?

B: 2달 안됐어요.

A: 와서 제일 안 좋은 게 뭐에요? '이런 거는 이런 식으로 하면 좋을 텐데.'

B: 좋은 점은 수업 양이 많지 않아요. 틀이 딱 잡히면 일단 내가 할 수 있는 공부, 집중적으로 하고 싶은 공부를 할 수 있어요. 그게 대안학교의 장점인 것 같아요. 관심 있는 수업을 하는 선생님들이 교수에요. 그건 되게 좋은 것 같아요. 그리고 일단 행사나 그런 게 많지 않고. 한겨레는 정부에서 운영하는 학교다 보니까 국회의원들이 자주 오고 뭐가 많아서 안 좋았어요.

그런데 학생들 학교 운영 이런 체계가 안 잡혀있는 거죠. 학생들끼리. 선생님들은 노력해주는데 자기 각자의 생각이 주장이 높아지는 거죠. 대안학교의 안 좋은 점이 협동이 안 되는 것?

A: 해솔학교가 이제 꿈을 키워나가는 데 어떤 면에서 도움을 줄 것 같아요?

B: 일단 기초적으로 제가 배우고 싶은 과목들이나 하고 싶은 것 있으면 선생님이 1 : 1이든 단체든 잡아줘요. 저는 그 안에서 열심히 하기만 하면 되는데 열심히 안 되니까 그건 저와의 싸움이고요.

A: 열심히 안 되는 이유는 뭐에요?

B: 이게 제가 잘 끌려 다니는 면도 있는데 좀 생각이 너무 많은 것 같아요. 수업도 해야 하지 취업 생각도 하고 나이를 너무 신경 쓰나, 이거

뒤돌아보면 지금 와서 생각할 필요 없는 것들인데 생각하고 있더라고요. 지금은 일단 재밌어요. 수업도 따라가기만 하면 되는 거고 수업도 잘 짜여 있어요. 제가 봤을 때는

A: 졸업하고 나면 취직도 하고 그럴 텐데 한 30대가 되고 40대가 되면 어떻게 살고 싶어요? 뭐하면서 어떤 것을 소중하게 생각하면서 살아가고 싶고 '어떤 꿈을 가지고 이런 생활을 하고 싶다. 난 이런 사람이고 싶다.'

B: 저는 일단 가족이 생길 것 아니에요? 그러면 가족에게 충실하고 싶고요. 내 직업이 생기면 봉사? 봉사 좀 해보고 싶어요. 봉사하면서 살고 가족에 충실하고 그게 다인 것 같아요. 또 내 직업에 충실하고 그 세 개만 충실하면 일단 될 것 같아요.

A: 다른 만약 북한에 또 오는 19살, 20살이 있다면 어떤 이야기해주고 싶어요?

B: 계속 같이 있고 싶어요. 제가 상담사 말고 되고 싶었던 게 뭐냐면, 상담사는 계속 질문하고 소통하고 하는 거잖아요. 그런데 저는 북한 출신 친구 많은데요. 질문하고 이렇게 해봤자 답이 없다고 생각해요 그냥 같이 있고 같이 있으면서 얘기하고 하다 보면 마음 조금 열고

A: 모르는 사람이라도 19살이라는 나이에 한국에 처음 오는 학생이 있다면 '이렇게, 이렇게 하면 좋겠다.' 하는

B: 그걸 제가 말해줄 필요가 있겠어요? 각자의 생각이 또 있잖아요. 세계관도 있고. 물론 처음 오면 말해주겠죠. '나는 처음에 와서 이런, 이런 걸 했는데 너는 어떤 고민을 하니?' 얘가 이런, 이런 고민하면 내가

아는 거면 말해줄 거고 일단은 열심히 공부하라고는 할 것 같아요. 목표 가지고 나처럼 놀지 말고 열심히 공부하라고 할 것 같아요.

A: 알겠습니다. 오늘은 처음 만나서 이렇게 이야기해 줘서 고마워요. 다음에 만날 기회를 또 만들어 봅시다.

저자 설명

탈북은 2010년에 했고, 2025년 현재 34세이다. 수차례 탈북 끝에 북송된 어머니는 정치범 수용소에 수용되었다는 이후로 소식을 알지 못한다. 오랫동안 엄마 소식에 안절부절하였으나 이제는 거의 자포자기 상태로 잊혀져 가기만 한다. 형제들이 남한에 온 후, 1년이 지나 입국한 아버지는 비교적 건강하게 잘 살고 있고 동생과도 우의가 깊다. 적당한 짝을 만나지 못해 노력하고 있다.

김영우 수상록 / 분단 이웃과 함께한 30여 년의 성찰
경계 너머, 사람을 만나다

초판 1쇄 발행 : 2026년 2월 2일

지 은 이 : 김영우
펴 낸 이 : 유혜규

디 자 인 : 김연옥
교정·교열 : 박인숙

펴낸 곳 : 지와수
주소 : 서울 서초구 잠원동 35-29 대광빌딩 302호
전화 : 02-584-8489 팩스 : 0505-115-8489
전자우편 : nasanaha@naver.com
출판등록 : 2002-383호
지와수 블로그 : http://jiandsoobook.co.kr
ISBN : 978-89-97947-52-2(03340)